D1674556

Barbara Schaefer
Lesereise Lappland

Barbara Schaefer

Lesereise Lappland

*Nordlicht, Joik und
Rentierschlitten*

Picus Verlag Wien

Copyright © 2006 Picus Verlag Ges.m.b.H., Wien
Umfassend überarbeitete Neuausgabe 2011
Alle Rechte vorbehalten
Grafische Gestaltung: Dorothea Löcker, Wien
Umschlagabbildung: © Helge Sobik
Druck und Verarbeitung: Remaprint, Wien
ISBN 978-3-85452-992-7

Informationen über das aktuelle Programm
des Picus Verlags und Veranstaltungen unter
www.picus.at

Inhalt

Wie alles begann
Mohn der Angst oder Mein erstes Hüttenerlebnis 9

Marmor, Stein und Eisen schwört
Eine Nacht auf dem Polarkreis – höchstwahrscheinlich 12

Weit oben im Norden
Ein Nachmittag am Nordkap... 15

Sei wie der Fluss
Fliegenfischen und Philosophieren am Stabburselven 18

Moderne Lakritze aus alten Krügen
Kjerringøy baut auf neue Ferienhäuser und den alten
Hamsun 24

Nettelbladts Geschichte
Mit einem Botaniker unterwegs im Junkerdalen 29

Landschaft mit Birkengold
Leben am Vindelälven, dem schwedischen Nationalfluss 32

Bei Kerzenlicht im Kraftwerk
Wie der Alta-Staudamm den Samen half 43

Minenarbeiter und Mädchen
Die Zeitläufe haben Sulitjelma auf und ab geführt 46

Bloß kein Brokkoli
Mit dem Rentierschlitten durch Schwedisch-Lappland 55

Wo gehobelt wird ...
... fallen Skifahrer hin. Unterwegs auf selbst geschnitzten
Brettern 61

Kein Schlaraffenland – für Vegetarier
Kamtschatka-Krabbe statt Kartoffeln 69

Hol mal den Futtersack!
Glück und Qual, Frust und Freude – ein
Hundeschlittenrennen 77

Ein Besuch im Museum
Verschollene Liebesbriefe und verbotene Flaggen 86

»Suopunki«-Wettwerfen
Das Marientag-Fest im finnischen Lappland 90

Dem Himmel näher
Im Nordlichtobservatorium stand sogar ein Klavier 96

Landschaft für Minimalisten
In Västerbotten finden Individualisten Heimat für sich
und ihre Ideen 100

Keine »Hurtigrute«
Eine langsame Busfahrt nach Norden 111

Die große Keilerei
Aber heute sind die Abende in Abisko gemütlicher 115

Die Freiheit, aufzubrechen
Zeltwandern in Stabbursdalen und anderen
unbekannten Ecken Lapplands 121

Nachsatz 131

Wie alles begann

Mohn der Angst oder Mein erstes Hüttenerlebnis

Beim Landeanflug in Fagernes sah ich mit großem Erstaunen am Horizont eine riesige weiße Fläche. Verschneit lag die Hardangervidda da, es war Anfang Mai, ich war zum ersten Mal in Norwegen, hatte einen großen Rucksack dabei und wollte wandern. Von Hütte zu Hütte, über grünes Gras auf der Hochfläche der Hardangervidda, aber schlechte Planung und mangelnde Erfahrung hatten mich zur falschen Jahreszeit nach Norwegen gebracht. Natürlich liegt die Hardangervidda nicht in Lappland, der Region zwischen Polarkreis und Nordkap. Aber ich hatte Fotos der endlosen Hochfläche gesehen, stellte es mir ähnlich einsam vor wie Lappland – was stimmte – und für den Einstieg war mir das nördlich genug. Als Süddeutsche kannte ich mich damals am Gardasee und in der Toskana ganz gut aus, Skandinavien hingegen war mir als Studentin so fremd wie der Orient.

In Fagernes forschte ich im Tourist-Office nach einer Alternative. Die reizende Dame überlegte, fragte mich, wie wäre es mit einer Hütte?, blätterte in einem Katalog, klatschte in die Hände und rief: »I have a cosy little hut for you!« Sie erklärte mir, ich hätte eine Viertelstunde Zeit, für eine Woche einzukaufen, dann würde mich der Besitzer zu meiner Hütte fahren.

Ich sprach kein Wort Norwegisch, Dänisch oder sonstwie Skandinavisch, rollte meinen Einkaufswagen durch den Supermarkt und packte ein, was mir bekannt vorkam. Fischstäbchen und Äpfel, Müesli und Joghurt, sowie *milk, mjelk, mjölk* und alles Weitere, was so ähnlich hieß. Zwei Flaschen Rotwein und eine Salami, Kantenkäse und Knäckebrot. Ein Jan holte mich ab, fuhr mich mit seinem Volvo durch den Wald, immer nur durch den Wald. Für meine Begriffe mitten im Wald hielt Jan an. Dort gab es einen See und einige Ferienhütten. Keine von ihnen war bewohnt in dieser Jahreszeit zwischen Winter und Frühling. Vor der kleinsten schaukelte zarter Mohn in Gelb, Orange und Rot in der Brise. Jan sperrt das garagengroße Holzhaus auf, ein wunderbarer Geruch nach Wacholderzweigen wehte mir in die Nase, der Holzboden war damit ausgelegt. »Norwegischer Brauch«, so viel verstand ich, ebenso, wo es Holz für den Ofen und Wasser gebe. Jan drückte mir eine Karte zum Wandern in der Umgebung in die Hand, stieg in seinen Volvo und es war still.

Die Wanderkarte entpuppte sich als eine kopierte Loipenkarte. Ich verbrachte den Nachmittag damit, zum See zu spazieren, Asche aus dem Herd zu räumen, Wasser aufzufüllen, die dürren Wacholderzweige in den Ofen zu schichten, einen Stuhl ins Freie zu stellen und den Mohnblumen zuzusehen. Am frühen Abend kamen Stechmücken, erste Vorboten des Sommers, ich zog in die Hütte, riegelte Tür und Fenster zu und fürchtete mich.

Am nächsten Morgen konnte ich mir schon nicht mehr erklären, woher dieses Rotkäppchengefühl gekommen war. Ich fühlte mich wunderbar, wusch mich mit kaltem Wasser, braute Kaffee, schüttete *milk, mjelk* oder *mjölk* über mein Müesli und beobachtete, wie die Sonne den Tau vom Gras schlürfte. Sorgfältig spülte ich das Geschirr, packte Knäckebrot, Käse und Wasser in meinen riesigen Rucksack, steckte die Loipenkarte in die Hosentasche und brach tapfer auf, den See zu umrunden. So ganz alleine im Wald geht man mit den Ohren. Meine wuchsen und wuchsen und warteten nur darauf, dem eingeschüchterten Gehirn zu melden, dass Trolle und Monster aus dem Gebüsch brechen. Derart angespannt erschrak ich schier zu Tode, als mit erheblichem Getöse zwei Meter vor mir ein wahrhaft riesiger Elch aus dem Wald trat, nicht minder erschrocken zu mir blickte und verschwand. In all den Jahren danach habe ich nie wieder einen Elch gesehen, nur damals, keine hundert Schritte von meiner Hütte entfernt. Das geht ja gut los, sprach ich mir Mut zu, aber dann geschah rein gar nichts mehr. Die ganze Woche nicht.

Am ersten Abend las ich mein einziges Buch – wer von Hütte zu Hütte wandern will, hat nicht viel Platz für Lesestoff – zur Hälfte aus. Am dritten Tag brach ich zu dem kleinen Berg auf, der unübersehbar wie ein umgedrehter Kochtopf die anderen Hügeln überragte und fand ihn auch und fand zu meiner großen Begeisterung auch den Weg zurück zu meiner Hütte. Am vierten Abend vergaß ich, die Tür zuzusperren. Von den restlichen Tagen erinnere ich mich an nichts anderes als an Stille und den Mohn. So begann meine Liebe für den Norden.

Marmor, Stein und Eisen schwört

Eine Nacht auf dem Polarkreis – höchstwahrscheinlich

Der Zug müht sich auf den Steigungen. Von Fauske aus fährt er Richtung Mo i Rana und überwindet dabei die weite Hochfläche des norwegischen Saltfjellet. Die Landschaft wird karger, der Zug rauscht durch einen Tunnel, der Schaffner räuspert sich. Man fahre nun unterm Saltfjellet Nationalpark hindurch, außerdem überquere der Zug hier den Polarkreis.

Da schütteln ein paar Reisende den Kopf. Schließlich, das weiß doch jeder, verläuft der Polarkreis auf 66° 33' nördlicher Breite, und das liegt ein Stückchen weiter südlich. Genau dort steht das Polarsirkelsenteret, das Polarkreis-Zentrum. Jedoch: Wenn es so einfach wäre.

Die Symbolik ist überwältigend, rund um das Center an der E6 wird dem Besucher klar gemacht, er befinde sich nun am Polarkreis. Als (nördlicher) Polarkreis wird der Breitengrad bezeichnet, auf dem mindestens an einem Tag im Jahr die Sonne nicht untergeht, beziehungsweise nicht aufgeht. Je weiter nördlich man kommt, desto länger dauern Mitternachtssonne oder Polarnacht. Am Pol dann je ein halbes Jahr. Marmor, Stein und Eisen verkünden die Botschaft: »Arctic circle«! Vor dem Glas-Holz-Bau steht ein rosafarbener Marmorblock aus Fauske, und auch dieser betont: Polarsirkelen, 66° 33' N. Auf dem Steinblock hockt ein eiserner Globus, so schräggestellt, wie er nunmal durchs Weltall eiert.

Und diese Kugel ist der springende Punkt, wenn man so will.

Die Besucher können Urkunden kaufen, die bestätigen, dass sie den Polarkreis überschritten haben, was viele tun, weil das so ein Amundsen-Gefühl vermittelt. Alle fotografieren sich gegenseitig, verschicken Postkarten mit dem Stempel »I have crossed the arctic circle«, nur: Das Polarsirkelsenteret steht gar nicht auf dem Polarkreis. Es steht, und das ist bitter, sogar etwas weiter südlich. Jedenfalls meistens. Denn, was in dem Informationszentrum nun wirklich nirgends zu erfahren ist: Der Polarkreis wandert.

Er wandert in Intervallen von zwei Wochen, einem halben Jahr, achtzehn Jahren und von einundvierzigtausend Jahren. Und zwar eben deshalb, weil der Globus eiert, weil er keine ruhige Kugel schiebt, sondern sich unrund um sich selbst dreht und um die Sonne wackelt. Auf Nachfrage informiert das Fremdenverkehrsamt Nordland Ratsuchende: Derzeit wandert der Polarkreis – und noch für die nächsten zehntausend Jahre – jährlich etwa vierzehn Meter Richtung Norden. Während der nächsten neun Jahre zieht er dann vierhundertfünfzig Meter in den Süden und während der darauf folgenden neun Jahre wieder siebenhundert Meter in den Norden, das ist das Achtzehn-Jahres-Intervall. Der Polarkreis kann sich an einem Tag um einen Meter versetzen, jährlich um über hundert Meter.

Ist das zu verstehen? Sicher ist es leichter zu verstehen, warum all diese Erklärungen im Polarsirkelsenteret nirgends zu finden sind. Zur Zeit liegt das Zentrum etwa zwei Kilometer südlich des Polarkreises. Im Grunde war es egal, wo man 1990 das Info-Haus baute, solange es nur ungefähr auf der breiten Spur war, die der Polarkreis durch den Norden Skandinaviens zieht. Eine andere Möglichkeit wäre ein mobiler Kiosk gewesen, der den täglichen Wanderungen des Polarkreises folgt. Aber wo hätte man die Souvenirs untergebracht? Trolle, T-Shirts mit Nordlicht, Trinkbecher aus Birkenholz und Geldbeutel aus Elchleder, und im kleinen Museum ausgestellt alte, viel schönere Souvenirs, Aschenbecher mit verschnörkeltem Aufdruck, Fotos von alten Volvos mit nahezu kugelrunden Wohnwagen, reizende Mokkatässchen. In einer Ecke verstauben auch Tierpräparate, ein Luchs mit grünen Augen und beeindruckenden Zähnen, ein weißes Ren und ein drei Meter sechzig großer Eisbär.

Es gibt kein Hotel auf dem Polarkreis, jedenfalls nicht in Norwegen. Wer dennoch zumindest in der Schneise, die der auf der Erde herumrutschende Polarkreis schiebt, übernachten möchte, ist aufs Zelt angewiesen.

Im flirrenden Licht eines Spätsommertags steht das Zelt in einer windgeschützten Mulde. Da hier niemand so genau weiß, wo der Polarkreis an diesem Abend verläuft, könnte es ja sein, dass er genau durch diese Mulde zieht. Das alles hat vermutlich auch mit dem Erdmagnetismus zu tun, oder? Wer feinere Antennen hat, könnte die exakte Position vielleicht mit einer Polarkreis-Wünschelrute herausfinden.

Eine Frage stellt sich noch: Was für den Polarkreis gilt, müsste doch auch für den Äquator zutreffen, oder? Späte Nacht, nun verschwindet die Sonne hinter den Bergen. Aber das beweist auch nichts.

Weit oben im Norden

Ein Nachmittag am Nordkap

Das Nordkap auf Magerøya, der Magerinsel, ist der nördlichste Straßenpunkt Europas, aber nicht der nördlichste Punkt Europas überhaupt, wohlgemerkt. Sogar auf dieser Insel gibt es einen nördlicheren Punkt, der heißt Knivskjellodden, und dann natürlich die Insel Spitzbergen, die ja ebenfalls zu Norwegen gehört und deren Südkap vom Nordkap so weit entfernt liegt wie das Nordkap vom Polarkreis. Auf dem europäischen Festland ist der nördlichste Punkt die Landzunge Nordkinn, doch seit 1553 der englische Seefahrer Richard Chancellor die steilen Klippen des dreihundertsieben Meter hohen Schieferplateaus umsegelt und sie, in der fälschlichen Annahme, es handle sich hierbei um norwegisches Festland, »Nordkap« getauft hatte, geistert dieser Irrtum durch die Welt. Ein Irrtum, der dem Felsen zweihunderttausend Besucher im Jahr beschert. Denn wo man mit dem Auto hinfahren kann, fährt man mit dem Auto hin. Also drängeln sich Pkw, Busse und Wohnmobile nach der Tausende Kilometer langen Fahrt im Tunnel nach Honningsvag. Der Ort wurde nicht, wie viele glauben, für die Besucher des Nordkaps gebaut, sondern existiert als Fischerdorf seit der vorigen Jahrhundertwende. Und das Nordkap selbst gehört zu den ältesten Siedlungsräumen Skandinaviens. Hinter den abschmelzenden Gletschern der Weichseleiszeit her zogen Jäger hinauf in die Arktis, Funde belegen erste Ansiedlungen schon vor zehntausend Jahren.

Einige Kilometer hinter Honnigsvag, knapp dreißig Kilometer vom Nordkap entfernt, steht mitten in der kargen Landschaft ein Fünfhundertsiebzig-Betten-Hotel. Ein Junitag, einundzwanzig Uhr: Im Speisesaal wird die komplette Hotel-Gästeschar verköstigt. Hunderte von Tellern mit identischer Mahlzeit werden aufgetragen, die Einzelreisende fragt: »Könnte ich etwas zu essen bestellen?« Freundlich lächelt die Kellnerin: »Nein, wir sind beschäftigt.« Ungläubig hockt die Einzelreisende da und wartet. Zweiundzwanzig Uhr: Der Speisesaal ist leer. Gespenstisch. Wo sind alle hin? Draußen gibt's nichts, nur Gegend. Waren ja alles ältere Herrschaften, vermutlich müssen die früh ins Bett. »Ist das jeden Abend so?« – »Jeden Abend. Vom 11. Mai bis zum 31. Juli. Alle wollen am Nordkap die Mitternachtssonne sehen.« So ist das also: Abfahrt zehn Uhr abends vor dem Hotel, dann rauschen die Busse gen Norden.

Sechs Uhr am nächsten Morgen: Abfahrt der Busse Richtung Süden. Als die Einzelreisende zum Frühstück herunterkommt, ist das Hotel leer. Am Nachmittag lässt es sich dann nicht mehr länger aufschieben – zum Nordkap! Das stellt sich als der beste Zeitpunkt für diese Tour heraus. Keine Menschenmassen schieben sich zum Geländer der Terrasse, eigentlich ist fast niemand zu sehen. Im Betongang, der durch den berühmten Felsen führt, hallen die Schritte, vor den Hinterglastableaus mit Szenen aus der Geschichte des Nordkaps hat man Platz genug zum Schauen, und die Royal North Cape Hall am Ende des Ganges, wo obligatorisch Sekt und Kaviar genossen werden, entpuppt sich zur Blue Hour als entspanntes Café mit einem grandiosen Panorama-fenster. Ein Nachmittag so richtig zum Chillen, Saxofonklänge schweben aus dem Lautsprecher, und am Horizont verschwindet der Nordpol, naja, zweitausend Kilometer sind es immerhin noch.

Sicher, um Mitternacht zu Edvard Griegs Peer-Gynt-Suite die Strahlen der Mitternachtssonne aus dem Panoramafenster zu bewundern, ist ein Erlebnis. Doch entspannter ist es, auf einer unwesentlich südlicher gelegenen Hotelterrasse der nächtlichen Sonne mit einem Glas Sekt zuzuprosten, und tagsüber die Ruhe am Nordkap zu genießen. So entgeht man dem Brimborium des solaren Spektakels, das eine Besucherin so verwirrt hatte, dass sie fragte: »Entschuldigung, wann genau geht denn diese Mitternachtssonne auf?«

Sei wie der Fluss

Fliegenfischen und Philosophieren am Stabburselven

Die drei Männer betraten den Flughafen von Lakselv in einer Wolke aus Duschbad und Rasierwasser. Es nützte jedoch nichts, durch diese parfümierte Oberfläche drang ein anderer Duft, einer von Wildnis, von wenig gewechselter Kleidung und von Fisch. Die drei Männer waren, wie seit Jahren, nach Nordnorwegen gekommen um zu angeln, hatten gemeinsam vier Wochen in einer Hütte verbracht. Genauer gesagt vier Wochen und einen Tag. Die Hostess am Regionalflughafen der Finnmark blickte irritiert auf die Tickets und teilte den Anglern mit, ihr Flug wäre einen Tag zuvor gewesen. Im Rhythmus von essen, schlafen und fischen hatten sie das Zeitgefühl verloren. Betroffen stellten sie ihre schweren Taschen ab, von denen sie so taten als seien sie leicht. Unkompliziert buchte die Hostess die drei Jungs um und bat sie, nun ihre Taschen aufs Band zu stellen. »Jetzt haben wir aber wirklich ein Problem«, grummelte sie, sechzig Kilo Übergepäck. Aber das ist doch alles nur Fisch, rechtfertigten sich die Drei. »Nur Fisch?«, lachte die junge Frau. Dann sei es allerdings kein Problem, sagte sie und klebte die Gepäcketiketten auf. Für Lachs drücken Norweger schon mal beide Augen zu.

Ronnie Smitt amüsiert sich noch heute, wenn er diese Geschichte erzählt, und betont, sie sei typisch für die unkomplizierte Lebensart der Nordnorweger. Seine blauen Augen blitzen, der ganze Körper des hippeligen Kerls freut sich. Er lebt, wie seine beiden Freunde Roger und Thore, in Tönsberg in Südnorwegen, im Sommer flüchten die Mittvierziger vor den Touristen in den einsamen Norden, an die großen Lachsflüsse. Seit vielen Jahren kommen sie an den Stabburselven, den Stabbursfluss, der durch den nach ihm benannten Nationalpark fließt, den nördlichsten Nationalpark Norwegens. Über siebenhundert registrierte Flüsse gibt es in Norwegen, weiß Ronnie, zu viele auch für ein langes Anglerleben. Also fahre man halt durchs Land, einen Sommer hier, einen Sommer dort, »doch dann findest du plötzlich deinen Fluss, er trifft dich mitten ins Herz«. Für ihn war das der Stabbursfluss, er könne nicht genau erklären, warum. Die weitläufige Landschaft der Finnmark verdichtet sich hier zu Dramatik, der Fluss zwängt sich durch ein wildes enges Tal, springt über Wasserfälle und Stromschnellen, um dann wieder ruhig wie ein endloser Sommertag des Nordens um eine Biegung zu trödeln.

Die Hütte Nr. 19 auf dem Campingplatz ist unschwer als die Behausung von Ronnie und den anderen zu identifizieren. Über der Tür klemmen die langen, extrem leichten Angeln, an Haken hängen die Gummihosen, die bis zu den Achseln hochgezogen werden. Drinnen sieht es so richtig nach Männerleben aus; auf dem Kühlschrank stehen Schnäpse und ein Karton mit Rotwein, es riecht nach heiß angebratenen Steaks. »Wir können keinen Fisch mehr sehen«, grinst Ronnie und meint damit Fisch als Nahrungsmittel. Denn bevor das schwere Abendessen sie gänzlich in Couchlähmung versenkt, raffen sie sich auf, steigen in die müffelnden Hosen, setzen sich ins Auto und fahren wieder an den Fluss.

Nachmittags um vier Uhr war im Nationalpark-zentrum Verlosung. Für begehrte Angelplätze am Fluss werden nur zehn Erlaubnisscheine pro Tag vergeben, man muss sich in eine Liste eintragen und auf Glück hoffen. Fast zwanzig Männer stehen herum, alle in Anglergrün gekleidet, auch wer kein Norwegisch versteht, kann dank der Handbewegungen den Gesprächen folgen. Was da gedeutet wird, kann nur die Größe von Fischen meinen.

Auch Pia, eine junge Frau aus Südnorwegen, fährt oft in den Norden zum Angeln. Ich lernte sie kennen, als ich bei ihr einen Kurs in Fliegenfischen belegte. Dass sie dies unterrichtet, wussten die Männer aber nicht, als sie wieder einmal nach Nordnorwegen kam und dort ihre Selbstgedrehten auswarf. Denn Pia bastelt alle ihre Fliegen selbst. Dazu packt sie abends ihr Handarbeitszeug aus, Schraubstock, Haken, Scheren und kistenweise Kitsch: bunte Federn, Hasenfell, Glitzergarn, Wollfusseln. Daraus fertigt sie Klassiker und eigene Kreationen. »Pias grønne ullgenser« sagt sie zu einem neon-quietsch-grünen Hakenmonster. Als sie die an einem Fluss zum ersten Mal auswarf, hätten sich die Männer krumm gelacht und sie »Pias grünen Wollpulli« getauft. Sie hörten erst auf zu lachen, als sie damit Lachse fing, während die Männer weiter nur ihre Fliegen badeten. Überhaupt Männer: Pia erzählt hübsche Geschichten über Kollegen, die es nicht fassen können, dass Frauen angeln. »Die fängt unsere Fische«, habe sich einer entrüstet. Da verschweigt die Dreißigjährige dann, dass sie nicht nur fängt, sondern auch unterrichtet und zwei Anglerläden besitzt.

Wie Fliegenfischen funktioniert, zeigte der Film »Aus der Mitte entspringt ein Fluss«, in dem Brad

Pitt mit nacktem Oberkörper und Waschbrettbauch-muskulatur seine Angel auswarf. Mit nacktem Ober-körper – das würde kein Fliegenfischer je tun, die Gefahr, der Haken könnte sich statt im Fisch im ei-genen Fleisch verhaken, ist doch zu groß.

Ronnie und seine Freunde hatten kein Glück bei der Lotterie, was sie nicht weiter stört. Sie werden an einem anderen Abschnitt des Flusses angeln. Wer beim Wort Angeln an die deutsche Variante denkt, mit Campingstühlchen, Bier und schweigsamen Sto-ikern, macht sich ein falsches Bild vom Sportangeln im Norden. Ronnie und seine Freunde sind Fliegen-fischer. Sie sind Künstler, Artisten des Angelns.

Beim Fliegenfischen werden keine echten Insek-ten an den Haken gefriemelt, sondern künstliche aus Draht, Schnur und Federn. Da dieses Fliegengewicht nicht ausreicht, um die Schnur abzurollen, braucht es Übung und Geschick, um die Leine auszuwerfen, weit raus, in die Mitte des Flusses. Waagerecht fliegt die Angelleine nach vorne, wieder zurück, über den Kopf des Fischers, wird bei jedem Ausholen länger, um schließlich auf genau die ausgewählte Stelle im Fluss zu sinken, im Idealfall. Damit sich die »Flie-ge« beim Ausholen nicht in Büschen verhakt, stehen die Fliegenfischer in ihren Gummihosen mitten im Fluss.

Saiblinge sind leichter zu angeln als Lachse. Viel-leicht, weil sie Hunger haben. »Lachse fressen nur im Meer«, erklärte Ronnie. Wenn sie in den Fluss ih-rer Kindheit und Jugend zurückkehren, »denken sie nur noch an das Eine, die Vermehrung«. Jedenfalls nicht ans Fressen, und eigentlich versteht keiner, wieso sie dann überhaupt nach Fliegen schnappen. »Ein Beißreflex«, vermutet Ronnie, »oder Aggres-sion.«

Ronnie Smitt sagt, er habe fischen noch vor dem Laufen gekonnt, sein Vater setzte ihn neben sich ans Ufer und drückte ihm eine Angel in die Hand. Diese Geschichte erzählt jeder Angler. Beruflich kam er in die Karibik, er ging auch dort Fischen, das hat ihm nicht gefallen. Das Hemingway-Ding, das sei nichts für ihn. Ein Mann, ein Boot, eine Angel und drumherum nur Wasser und Himmel und alles blau, langweilig, sagt Ronnie.

Wie groß Lachse werden, bestimmen die Gene. Lachse kommen im Süßwasser zur Welt, leben eine Zeit im Fluss, wandeln sich und schwimmen dann ins Offene. Wie lange sie im Meer bleiben, ist von Fisch zu Fisch, genauer gesagt von Fluss zu Fluss verschieden. Im Alta-Fluss schwimmen riesige Lachse, diese Tiere bleiben mehrere Jahre im Salzwasser, bevor sie zum Laichen in ihre Heimat zurückkehren. Im Stabburselven laichen keine spektakulären Riesenfische, aber Ronnie und seine Freunde erwecken nicht den Eindruck, als ob es darauf ankäme. Die Zeiten, als sie mit Übergepäck zum Flughafen kamen, sind vorbei, fast jeden Fisch befreien sie vom Haken und setzen ihn wieder in den Fluss. Mit Abscheu erzählen sie von gierigen Urlaubern, deren Wohnwagen so voll sind mit Gefriertruhen, dass die Leute im Zelt draußen schlafen.

Sei wie der Fluss, philosophiert Ronnie am Lagerfeuer auf der Kiesbank. Er habe aufgehört, zurückzublicken, aufgehört, sich mit dem Leben zu mühen. Du kannst nichts aufhalten, alles ist wie ein Fluss. Wenn das stimmt, dann ist Ronnie Smitt wie eine Stromschnelle im Fluss. Er geht nicht, er rennt fast durch den Wald, er spricht nicht, er redet wie ein Wasserfall. Alles rührt ihn, alles bewegt ihn. Schau nur, diese Disteln, wenn die blühen, das ist wie ein Feld in Lila und die Blüten sind so zart wie ein Fell, streich mal drüber. Wenn er etwas gefangen hat, grüßt und dankt er dem Fluss. »Ich weiß, dem Fluss ist es sowas von egal«, sagt er, »aber mir nicht.«

Seine Freunde fischen anders. Thore verzieht sich an eine Stelle, an der ihn die anderen nicht sehen, schweigsam geht er, schweigsam kehrt er zurück. Roger sitzt meistens auf dem Klappstühlchen, das praktisch an den Rucksack montiert ist. Er schaut aufs Wasser, und wenn ein Fisch springt, steht er auf, nimmt die Angel, schreitet wuchtig zum Wasser, um dann seiner Schwerfälligkeit zum Trotz mit der Angelschnur die elegantesten Linien durch die Luft zu weben.

Mitternacht ist längst vorüber, das Lagerfeuer auf der Kiesbank raucht, um Stechmücken zu vertreiben. Dunkler wird es in dieser Sommernacht des Nordens nicht werden, noch immer reicht das Licht aus, um neue Fliegen an die haarfeinen Nylonschnüre zu fädeln und die Aufschriften auf den Cognacflaschen zu lesen.

Der Fluss gurgelt, Ronnie ist ruhiger geworden. Das Leben kann ihm das nicht beibringen, nur der Fluss kann es. Noch einmal geht er in die Mitte des Flusses, lässt wieder und wieder eine glitzergrüne Fliege durch die Luft schweben, auf dem Wasser aufsetzen, versinken, schweben, aufsetzen, versinken. Er kommt zurück ans Feuer und sagt: »Du siehst den Fisch, er schwimmt vorbei am Haken, schaut ihn sich an, schwimmt drumherum, immer wieder.« Ist das nicht frustrierend? »Nein«, sagt Ronnie Smitt der Fliegenfischer, »wir lieben es.«

Moderne Lakritze aus alten Krügen

*Kjerringøy baut auf neue Ferienhäuser und den alten
Hamsun*

Elise Viksans hellrote Locken umrahmen ihr Gesicht,
als stünde sie immer im Schimmer des Abendlichts.
Ihre grünen Murmelaugen glänzen wie teure Exem-
plare aus ihrem Sortiment. In ihrem Laden in Bodø
mit Schmucksteinen, Glasperlen und Basteltand wu-
selt die Siebenunddreißigjährige hin und her und
gibt Tipps für Urlauber. »Sie müssen mal Krabben
am Hafen essen«, das machten hier alle so. »Und
gehen Sie mal nach Kjerringøy«, empfiehlt sie noch,
»da ist Hamsun her«. Ihre Freundlichkeit ist eine Mischung aus skandinavischer Herzlichkeit und ame-
rikanischer Offenheit. Mit siebzehn fuhr sie zu Verwandten nach Washington DC, »und ich bin einfach
dort geblieben«. Zwanzig Jahre lang, aber dann hielt
sie es nicht mehr aus. Hier sei ihr Einkommen zwar
um die Hälfte niedriger, aber dafür die Lebensqua-
lität »um tausend Prozent« höher. Weniger Stress,
mehr Natur, auf diese Formel bringt Elise das Leben
in Nordland, dem Bezirk Norwegens, der sich am
Polarkreis entlangrankt.

Auf dem Kutter im Hafen schimmern die rosa-
farbenen Krabben verlockend, die dralle Fischerin
wiegt ein Tüte ab, auf den Bänken am Hafen, im
nicht enden wollenden Sonnenuntergang im Land
der Mitternachtssonne, sitzen Einheimische und
Urlauber, pulen Krabben und trinken etwas ver-
schämt Bier dazu. Bier ist das einzig frei verkäuf-

liche Rauschmittel in Norwegen, schon wer Likör möchte, muss in einen Laden der staatlichen Kette »Vinmonopolet«. Hier fühlt man sich wie ein Verbrecher, wie ein Junkie, der seinen Stoff abholt, zu überhöhten Preisen, versteht sich.

Morgens fährt ein Bus nach Kjerringøy, einem alten Handelsplatz, vierzig Kilometer nördlich von Bodø. Der Schriftsteller Knut Hamsun war nicht wirklich von dort, aber er war mal da. Er besuchte die vermögende Fischhandelsfamilie Zahl – und pumpte sich Geld. Damit zog er sich zurück und fing an zu schreiben, so begann sein Einstieg in den Ruhm, der seinen Gipfel 1920 mit der Verleihung des Literatur-Nobelpreises für »Segen der Erde« erreichte. Kjerringøy ist heute ein Freilichtmuseum, historische Holzhäuser, in Falunrot und Gelb gestrichen, versammeln sich im Glanz einer großartigen Landschaft: Da ragen Granitberge in den Himmel, an weiße Sandstrände plätschert das Meer so blau, als wäre es mit karibischen Wassern gefüllt. Eine perfekte Filmkulisse, und tatsächlich wurden hier Romane Hamsuns – »Pan«, »Landstreicher« und »Der Telegrafist« – verfilmt.

Die Kartenverkäuferin von Kjerringøy trägt ein dickes blaues Baumwollkleid, einen Kattunkittel, könnte man dazu wohl sagen. Sie lebt nur im Sommer auf dieser Insel der Vergangenheitsromantiker, den Rest des Jahres verbringt sie in Agadir, dort arbeitet sie ebenfalls im Tourismusgeschäft. »Hauptsächlich Senioren« kämen nach Kjerringøy, erzählt sie, die fühlten sich an alte Zeiten erinnert, an ihre Jugend. Man kann ihnen nur wünschen, dass sie in ihrer Jugend in solchen Häusern wohnen konnten. Denn wie diese Häuser – samt Brokatvorhängen, blauem Porzellanservice aus Hannover und Pariser

Tapeten von 1840 voller Szenen mit Bauchtänzerinnen und Kamelen – finanziert wurden, das zeigt die anschauliche Multimediashow im Museum.

Aus der Sicht von Anna Elisabeth Ellingsen Zahl wird die Geschichte Kjerringøys erzählt. Anna war die Tochter des ersten erfolgreichen Großhändlers hier, sie heiratete den Geschäftsmann Ellingsen, nach seinem Tod 1849 führte sie den Fischverkauf weiter, mithilfe ihres jungen Angestellten Erasmus Zahl. Zehn Jahre später heirateten sie, bestellten Kisten von Champagner, reisten nach Paris, genossen ihren Reichtum, der Fischhandel hatte Kjerringøy zum wichtigsten Umschlagplatz Nordlands werden lassen. Als alte Schiffspapiere gefunden wurden, stellte sich heraus, dass immer dann, wenn sich Zahl allein nach Bergen einschiffte, zwei Tage später eine junge Frau aus dem Ort hinterherreiste. Jedes Mal.

Die Lebensumstände der Fischer und Bauern waren unverhältnismäßig härter, alte Schwarz-Weiß-Fotos zeigen verhärmte Gesichter, abgearbeitete Körper. Sie lebten zu mehreren in kleinen Häusern, die Mägde des Hauses in winzigen Kammern. Aber es gab auch schon ein Sozialsystem, eine Kammer für alte Leute. Die blieben ein paar Monate, zogen dann auf einen anderen Hof weiter, diese Art von Seniorenheim konnten die Reichen mit der Steuer verrechnen.

Beim Gang durch das Herrenhaus sagt die Fremdenführerin voller Stolz, das Haus sei wie Norwegen: »Es ist nach Norden ausgerichtet, und je weiter nördlich man kommt, desto schöner wird es.« Sie führt Besucher von den Kammern in die Stuben und in die Bibliothek. Die Tour endet im Laden, in dessen Regalen noch alte Dosen und Schachteln verstauben, aber auch Krimskrams und Süßigkeiten feilgeboten

werden. Eine Verkäuferin öffnet eine Tüte Lakritz-
bonbons aus dem Supermarkt und schüttet die Bonbons in einen Tonkrug. Sie werden einzeln verkauft,
wie früher.

Kjerringøy ist ein wenig charmanter Name, »Alt-
weiberinsel« heißt das in etwa. Tatsächlich sind viele
ältere Damen hier zu sehen. Jenseits des Freilichtmu-
seums ist Kjerringøy auch noch ein normales Dorf,
mit einem Seniorinnenheim. Um dieses Dorf für jün-
gere Menschen attraktiver zu machen, soll die Mari-
na ausgebaut werden. Ein Sturm der Entrüstung ent-
brannte darob in den Lokalzeitungen. »Kjerringøy
zerstört« ruft in riesigen Lettern *Avisa Nordland*, die
Polemik wird angeführt vom Maler Karl Erik Harr,
dessen Bilder schon mal im Museum ausgestellt
werden und auf denen nichts Modernes zu sehen ist.
Neununddreißig neue Ferienhäuser sollen gebaut
werden, und für die recht spekulativen Fotos zum
Artikel hat sich der Fotograf wohl auf den Boden gelegt, damit Baugruben und Bagger im Vordergrund
nur recht mächtig erscheinen vor den armen alten
Holzhäuschen im Hintergrund.

Hamsuns Nobelpreisroman, finanziert mit dem
Geld der Fischer von Kjerringøy, spielt nicht am
Meer, er handelt von der Besiedlung des Nordens,
dem anderen norwegischen Gründungsmythos,
nach der Fischerei. Die am braunen Boden klebende
Schollenideologie des Romans belegt Hamsuns geis-
tige Nähe zum Nationalsozialismus. Im Klappentext
der dtv-Ausgabe wird jedoch von einer »manchmal
biblisch anmutenden Sprache« geschwärmt, das in
dem Roman vertretene Menschenbild sei »im Dritten
Reich emphatisch begrüßt und durch die Ereignisse
dieser Zeit in seiner Glaubwürdigkeit erschüttert«
worden, habe aber nichts von seiner Überzeitlichkeit

eingebüßt, »Segen der Erde« sei deshalb den bleibenden Werken und Werten der Weltliteratur zuzurechnen.

In diesem Roman schreibt der damals Achtundfünfzigjährige über die nomadische Minderheit des Nordens, die Samen. Damals wurden sie allgemein Lappen genannt, das klang negativ und war auch so gemeint. Hamsun fabuliert: »Die Lappen treiben sich in der Einöde im Dunkeln herum, wenn sie in Licht und Luft gebracht werden, gehen sie ein, wie Maden und Ungeziefer.« Bleibende Werte der Weltliteratur?

Die Geschichte des Buchs: Ein Mann tritt einen Pfad durchs Moor, rodet eine Lichtung, macht sich die Erde untertan. Aber – oho, nicht nur die Erde, auch das Weib. Der Mann ist tumb, aber ein starker Arbeiter. Seine Frau ist »hässlich« (sie hat eine Hasenscharte) und dumm, aber willig und fleißig. Sie war einige Jahre in der Stadt (genauer gesagt, wegen Kindsmord im Gefängnis, aber eben doch in der Stadtluft), findet sich danach auf dem Land nicht mehr zurecht. Ihr Mann prügelt sie, und Hamsun schreibt: »Sie änderte sich wieder, gab allmählich ihre Vornehmtuerei auf und wurde wieder eine ernste und herzliche Frau. Daß die Fäuste eines Mannes so Großes ausrichten konnten!«

In Kjerringøy wird allenthalben auf Hamsun hingewiesen, in den Regalen des Herrenhauses stehen Erstausgaben seiner Werke, die er als Dank an seine Gönner schickte. Vielleicht sollte jemand mal wieder einen Blick hineinwerfen.

Nettelbladts Geschichte

Mit einem Botaniker unterwegs im Junkerdalen

Saxifraga paniculata laestadii, der Name perlt ohne
Stolpern aus seinem Mund. Mats Nettelbladt ist
Botaniker und bei der Stadtverwaltung von Bodø
angestellt, nun aber steht er in Freizeitkleidung im
steilen Wald im Junkerdalen. Hier hat er einen bo-
tanischen Schaugarten angelegt, und hier führt er
botanische Wanderungen. Auch über papaver laes-
tadianum redet er gerne, die beiden Pflanzen sind
der Stolz der Region, auch wenn die Steinbrechart
und der Mohn für den ungebildeten Wanderer von
anderen ihrer Art nicht zu unterscheiden sind. Aber
ihr Entdecker war eben Lars Levi Laestadius, der
im Norden Skandinaviens berühmte Geistliche. Er
missionierte die Samen zum Christentum, war aber
auch als Naturforscher tätig.

Das Junkerdalen wurde 2004 Nationalpark, das
steile Trogtal zieht sich zur schwedischen Grenze
hin. Unweit beginnt die Hochebene von Saltfjellet,
eine karge Gegend, das Tal jedoch ist von dichtem
Wald bewachsen. Gerade noch so, denn die Wald-
grenze liegt hier bei siebenhundert Metern, vier
Birkenarten gibt es, doziert Nettelbladt stolz, ein
Naturwissenschaftler, wie man ihn sich vorstellt,
enthusiastisch, mit dicker, nie modisch gewesener
Brille, von einer Begeisterung für alles Grüne getra-
gen, von der er sich nicht vorstellen kann, dass nicht
alle Menschen sie teilen. Außer den bekannten Birken, wie sie sich von Nordnorwegen bis ins hinterste

Sibirien in lichten Wäldern ausbreiten, wächst hier noch eine recht knorkelige Bergbirke, eine Hängebirke und etwas höher dann die winzige Abart, die nicht größer wird als Heidekraut. Die Multebeeren jedoch, über die sich die Wanderer freuen und nach denen sie sich etwas abgelenkt bücken, diese zarten, wie geschälte Mandarinenschnitze aussehenden, herb nach Sanddorn schmeckenden Früchte des Nordens, auf die achtet Nettelbladt nicht. »Anspruchslose Pflanzen«, sagt er fast mit Verachtung in der Stimme, »wie Blaubeeren und Preiselbeeren auch«, fügt er noch an.

Die Region Nordland, in der das Junkerdalen liegt, spannt sich um den Polarkreis und reicht bis zu einigen spektakulär schönen Fjorden. Besucher aus ganz Europa zieht es so weit in den Norden, sogar Motorräder aus Süditalien sieht man hier und Franzosen in Reisebussen. Von ihnen weiß Nettelbladt zu erzählen, sie hätten beim Wandern immer Wein im Rucksack , kämen aber mit genau so schweren Koffern heim – »die nehmen sich immer Felsen von unseren Bergen mit, fragen Sie mich nicht, was die damit machen?! Bald sieht es hier bei uns aus wie in Dänemark, so flach.« Das hier ist übrigens eine Lappenrose, rhododendron lapponicum, wirft er im Gehen wie nebenbei ein, die lappländische Form der Alpenrose.

Mats Nettelbladt ist Schwede mit deutschen Wurzeln, aus Rostock, da sei er vor einigen Jahren mal hingefahren. Er kam enttäuscht zurück. »Da sprach überhaupt niemand Englisch, alle konnten nur Russisch«, wundert er sich. Freut sich aber, dass es schon in alter Zeit Verbindungen von seinen geliebten nordischen Pflanzen in den Süden gab: Im Mittelalter nahmen Mönche die Engelswurz – an-

gelica archangelica nennt Nettelblatt sie natürlich –
mit nach Deutschland und kultivierten sie in Klos-
tergärten. Die aromatische Pflanze sollte sogar gegen
die Pest helfen, sie wurde für Benediktinerlikör verwendet – und findet sich bis heute in Klosterfrau
Melissengeist und anderen Kräuterbittern.

Auf die Frage, was die interessanteste Entde-
ckung der letzten Jahre hier im Junkerdalen war,
beginnen Nettelbladts Augen zu glänzen. Da habe
es eine ganz fantastische Geschichte gegeben. Dra-
ba, das so genannte Hungerblümchen, bei uns als
Steingartenpflanze beliebt, wächst hier allenthalben
in Ritzen und an Felswänden. Eine Spezies sei 1955
entdeckt, dann aber wieder vergessen worden, das
müsse man sich mal vorstellen! Nun wurde ein Prä-
parat davon in einer Schublade gefunden und, was
ja jetzt erst möglich sei, ihre DNA untersucht. Was
in der Zwischenzeit im Übrigen auch mit zweihundert Jahre alten Herbarien aus Oslo und Tromsø gemacht werde. »Dabei hat sich herausgestellt, dass
das Pflänzchen, das in den Wäldern des Junkerdalen
wächst, eigentlich eine Spezies aus Spitzbergen ist.«
Das ist Nettelbladts fantastische Geschichte.

Landschaft mit Birkengold

Leben am Vindelälven, dem schwedischen
Nationalfluss

Wie Blut. Nach kurzer Zeit überzieht blaurote Farbe
Ingers Hand, hängt in den Rillen der Fingerkuppen,
sickert unter die Fingernägel, hinterlässt Flecken auf
der Haut. Jede abgezupfte Blaubeere weint einen
winzigen Tropfen violetten Saft. Ingers Hand sieht
aus, als hätte sie tief in ein geschlachtetes Rentier
gegriffen und die blutige Leber herausgeholt. Auch
das hat Inger schon gemacht. »Wenn sich eines unserer Tiere verletzt, muss ich es eben töten. Das ist
nicht schön.« Sie greift unter ihren blonden Zopf an
eine Stelle hinten am Hals. Dort ein Stich, und mit
dem Rentier ist es vorbei. An ihrem Gürtel steckt
ein Messer.

Schwer zu sagen, woran Inger Hellman beim
Beerenpflücken denkt. In den Bergen rund um ihr
Sommerhaus in Vindelkroken hört sie das Gluck-
sen des Flusses. Sie hört ihre Kinder Anna Sara und
Anton, die rennen und spielen. Vielleicht denkt sie
manchmal daran, wie es kam, dass ihr Sommerhaus
nicht aussieht wie die anderen Sommerhäuser entlang des Vindelälven: rot mit weißer Veranda, vor
den Fenstern Blumen, hinter dem Haus der Fluss.
Wenn Inger morgens die Tür ihrer sehr speziellen
Sommerbehausung öffnen will, klappt sie ergrau-
te Holzlatten nach oben wie die Haube eines Ka-
binenrollers. Licht flutet die zeltförmige Torfhütte,
die Kinder räkeln sich auf Rentierfellen, Inger holt

Wasser, schürt das Feuer in der Mitte des Raumes und setzt Kaffee auf. Inger hat einen Samen geheiratet, der traditionell mit Rentieren durch Schweden zieht, fünf Sommerwochen lebt sie in der Torfhütte im Gebirge; an der Quelle des Vindelälven weidet ihre riesige Herde.

Inger war schon als Kind ruhelos, mit fünfzehn zog sie von zu Hause aus. Sie jobbte und zog um, das vor allem. »Ich wechselte andauernd den Wohnort, die Wohnung.« Still sitzen konnte sie auch nicht. Sie müsse große Probleme haben, sagten die Leute. Irgendetwas sei mit ihr nicht in Ordnung. Normal sei das nicht. Nach Jahren der Unruhe traf sie Lars Anders und der sagte zu ihr: »Du kannst auch mit mir zusammen umherziehen.« Und plötzlich war ihre Ruhelosigkeit legitim und legalisiert: Inger lebt jetzt abwechselnd in vier Häusern entlang des Flusses. Im Hochsommer ziehen die Rentiere in das baumlose Hochtal um Vindelkroken. Inger kümmert sich um die Jungtiere, pflückt Multebeeren, sammelt Pilze, fischt. Sie leben davon, ebenso von Renfleisch und Vorräten, die Inger im Mai mit dem Snowmobil in den Vorratsspeicher heraufbrachte. Im Frühherbst wechselt die Familie nach Kraddsele, die Kinder gehen in die Schule. Inger jagt Elche und pflückt Blaubeeren und Preiselbeeren, verkauft sie an Restaurants, »Ingers handgepflückte Bergbeeren« steht auf der Speisekarte. Im Spätherbst werden die Rentiere nach Sorsele in den Wald getrieben. Inger fischt im Fluss, legt ihren Fang mit Salz ein. Einige Fässer voll tauscht sie bei Magnus gegen ein herrlich verziertes Samenmesser; der alte Mann hat Gicht, er kann keine Verzierungen in Renknochen und Wurzelholz mehr schnitzen. Doch seine Messer waren die besten der Gemarkung, Sammler zahlen viel Geld für so ein

Messer, Inger zahlt mit Fischen. Wenn der Schnee über einen halben Meter hoch liegt, sodass Rentiere die Rentierflechte nicht mehr riechen können, wird die Herde mit Viehtransportern an den Unterlauf des Flusses gebracht. Inger macht die Buchführung am Computer, bestickt Lederbeutel, in langsamen Stunden wird ein Armband fertig. Inger kann jetzt still sitzen. Sie näht *gakti* für ihre Kinder, die traditionelle Tracht, die die beiden dann ernst beim Kirchtag in Gillesnoule tragen. Der Filz für ihre eigene Tracht liegt aufgerollt in einer Truhe. Die Zeit dafür muss erst kommen, sagt Inger. Das sei wie mit dem *joik*, dem Gesang der Samen: Nichts, was man lernen kann. Es ist in dir.

Zehntausend Rentiere gehören dem Gran-Sameby. »By« heißt eigentlich Dorf, aber die nicht Sesshaften bilden kein Dorf, eher einen Stamm. Doch wer würde von Bürgern der EU als Stammesbrüdern reden? Die Herde zieht jedes Jahr im Spätherbst aus den Bergen am Fluss hinunter. Jedes Jahr zum Unmut der dort sesshaften Bauern. Immer gebe es Streit, sagt Inger. Deshalb erzählt Inger gerne und viel über sich und über die Lappen, wie hier jeder sagt. »Ich möchte, dass die Schweden mehr über uns wissen. Ich möchte, dass sie unser Leben besser verstehen und vielleicht akzeptieren.«

Auch Malin ist nicht am Vindelälven geboren, auch sie folgte einer großen Liebe in die einsame Landschaft Schwedisch-Lapplands. Wenn Malin über die Hochebene galoppiert, stehen ihre schweren blonden Zöpfe waagrecht in der Luft, ja, sie sieht aus wie Pippi Langstrumpf und ihr Islandpferd wie deren Pferd. Malin hat sicherlich die rundesten blauen Augen in Ammarnäs, wenn sie einen anschaut, könnte man ins Kanu steigen und auf diesen kleinen blauen Seen paddeln gehen. Malin ritt schon als kleines Mädchen gerne. Ihr Vater züchtete in der Nähe von Stockholm Traber, sie ritt ihre Ponys. Etwas größer geworden, wollte sie etwas größere Pferde reiten. Sie buchte eine dreitägige Tour auf Islandpferden bei dem jungen Samen Osvald in Lappland – und führt heute Touren in den Bergen hinter Ammarnäs. Im Dorf wohnen zweihundert Menschen in weit verstreuten Häusern. Will man da nicht manchmal davonlaufen? Oh doch, sagt Malin. Manchmal rückt sie zusammen mit Osvald aus. Dann fahren sie nicht etwa nach Lycksele ins Kino, sondern sie reiten an den Oberlauf des Flusses, zu einem See, schlagen ein Zelt auf und fischen.

Ammarnäs liegt am Ende der Straße, die den Vindelälven von seiner Mündung bis hinauf fast an die Grenze zu Norwegen begleitet. Und da liegt auch das Problem, meint Kiki. Kiki ist Samin, aber ihre Familie hütet schon seit zwei Generationen keine Rentiere mehr, Kiki arbeitet an der Tankstelle von Ammarnäs. Man sollte die Straße weiterführen, findet sie, nach Tanarby, quer über die Berge. Aber nicht nur, dass diese Straße Renweiden durchschneiden würde, was das Gran-Same-by niemals zuließe, sie führte auch durch das Vindelfjällen-Gebiet, ein riesiges Naturreservat. Doch Natur gibt es viel in Lappland, Touristen nur wenige, sagt Kiki. Der Vindelälven ist sogar einer der vier Flüsse Schwedens, die von Wasserkraftwerken verschont blieben, und somit ein Nationalfluss mit denselben Schutzbestimmungen wie ein Nationalpark, aber auch das begeistert Kiki wenig. Das Geld und die Arbeitsplätze, die ein Kraftwerk gebracht hätten, hätte die Gegend gut brauchen können. Benzin ist teuer in Schweden, und die Infrastruktur im Norden schlecht. Für eine neue

Brille muss Kiki nach Lycksele fahren, das liegt zweihundertfünfzig Kilometer entfernt, nach Tärnaby wären es nur fünfzig.

In Orten wie Amsele, Blattniksele, Björksele und Vormsele, je eine Handvoll roter Holzhäuser entlang des Vindelälven, halten kaum je Besucher, nur wenige finden den Weg nach Ammarnäs. Manche kommen zu Fuß, denn das Dorf bildet eine Etappe des Fernwanderwegs Kungsleden. Ein Wohnmobil parkt beim Wandererheim, und Italiener reisen an zum Jagen. Der Helikopter fliegt sie in Täler, in denen sie auf Schneehühner anlegen. Elchgeweihe oder Bärentatzen werden sie nicht nach Hause tragen, diese Trophäen bleiben Einheimischen vorbehalten. Andere kommen zum Reiten. Reiterfahrung ist nicht erforderlich, aber man sitzt die Tage danach nicht gut. Bedächtig trotten die Islandpferde dahin, das ist so ganz ihr Tempo. Nur wenn das Nachtlager näher rückt, erwacht in ihnen der Vulkan. Dann wird getöltet, dass die Zöpfe nur so zuckeln. Dieser schnelle Schritt ist für Reiter leidlich angenehm, man muss nur sein Tier daran hindern, in Trab zu fallen, denn dann geht das Gehoppel erst richtig los.

Abends vor der Hütte gruppieren sich die Pferde zum Tableau vivant vor Landschaft mit Birkengold, ein Mädchenzimmerposterbild. Die Sonne steht so tief, dass sie die Grashalme von unten bescheint. An der Stuhlkante sitzend löffeln die Reitgäste Suppe mit Pfifferlingen, handgesammelt von Malin, und Rengulasch mit Johannisbeergelee. Nachts ist es nur still. Manche können da nicht schlafen. Andere haben Träume, die noch den ganzen nächsten Tag mitreiten.

Magnus quetscht an einem schleimigen Häufchen herum, das in seine Hand tropft. Millimeter-

lange graue Würmchen schiebt er mit dem Zeige-
finger hin und her und freut sich. Ganz deutlich sei
der grünliche Schimmer zu sehen, am Bauch des
einen. Also hat er die richtige Fliege aufgesteckt,
der Mageninhalt des Fisches beweise das. Der Fisch
hat angebissen, als Magnus schon etwas unwillig
vom Boot aus die Angel auswarf. In weiten Bögen
schwang die Schnur über den Fluss, bildschön, aber
bereits seit zehn Minuten und immer noch kein
Fisch an der Angel. Der Vindelälven muss so voll
sein von Fischen wie eine gute Bouillabaisse, wenn
schon nach so kurzer Zeit Ungeduld auftaucht. Magnus ist neunundzwanzig Jahre alt, Fliegenfischer
mit Leib und Seele und er hat sein Hobby zum
Beruf gemacht: Er ist Fischereiaufseher im Bezirk
Sorsele. Wer wie er erst abendelang wie im Häkel-
kränzchen winzige Fliegen flicht, dann alle Angler-
jackentaschen mit Schächtelchen solcher Fischver-
sucher füllt, auf den Fluss rudert, den Anker wirft
und schließlich mit der lang und länger werdenden
Leine Arabesken in die Lüfte schlingt – dem geht es
nicht darum, mit einem Kahn voller Fische abends
nach Hause zu kommen. Seinen Nachbarn in Sorsele
schon. Sie werfen die normale Angel aus, mit jedem
Wurf ein Fang, ein Saibling, eine Forelle. Eimerweise
schaffen sie die Beute nach Hause, in die Gefriertru-
he, ab damit. Bis vor wenigen Jahren machten das
alle so, doch jetzt gibt es im Bezirk Sorsele Regeln
fürs Fischen, auch wenn die Einheimischen das nicht
einsehen wollen. Ist doch alles voll mit Fischen. Dass
diese aber immer kleiner werden, die ganz dicken
Brummer immer seltener ins Netz gehen, wollen
viele nicht wahrhaben. Fünfunddreißig Zentimeter
muss ein geangelter Fisch messen, dann hat er mindestens einmal gelaicht und somit für Nachwuchs

gesorgt. So kommt es, dass Magnus Touristen die liebsten Angler sind. Die fischen nicht auf Vorrat, sie sind Sportangler, und was nicht groß genug ist, werfen sie ohnehin brav zurück in den Fluss.

Magnus arbeitet auch als Flussreparierer. Denn ganz unbehelligt hat auch der Vindelälven die Jahrhunderte nicht überstanden. Flößer haben versucht, ihre Wasserstraße zu verbessern. Sie errichteten Mauern, um die Wassergewalten im Zaum zu halten. Die Steine wurden aus dem Flussbett geholt, und Magnus wirft diese nun zurück. »Ein Stein im Fluss, zwei Forellen«, sagt Magnus; eine links davon, eine rechts davon. Ob sie dann gerade nach der Fliege schnappen, die er ihnen im Abendrot vor die Nase hält, ist eine andere Frage.

Jahreszeitenlos säumen Kiefern und Fichten den Fluss, oftmals stehen sie in Wäldern, die zu Forsten degradiert wurden, Monokulturen wie Getreidefelder. Fast keine Laubbäume wachsen im Norden, Selma Lagerlöf lässt dies Nils Holgersson auf seiner Reise nach Lappland erleben; je weiter nach Norden er mit den Wildgänsen fliegt, um so weniger Pflanzen folgen ihm nach: »›Warum kommt die Eiche nicht mehr mit?‹, fragte der Junge. ›Sie hat Angst vor dem großen Versteinerer‹, sagte eine junge helle Birke, die so keck und fröhlich vorausschritt, dass es eine Lust anzusehen war.« Wo die letzten Birken wachsen spielt der Kreislauf der Natur mit seiner Farbpalette. Wer im späten August flussabwärts fährt, erlebt das Zurückspulen eines Herbstfilms. In den Bergen um Ammarnäs findet sich schon fast kein grünes Blatt mehr. In Henna, Tizianrot und Amber haben sich die Bäume gekleidet. Mit Grausen denkt man daran, was davon bleibt, wenn der Regen einsetzt. Ein Straßenköterbraun, das sich nicht mehr lange am Ast wird halten können. Ausfallen, abfallen, herunterfallen ins Moos wird das Blattgold. In Sorsele tragen die Birken helle Schlammfarben, die herzigen Blätter fielen nicht auf, würde ein Morgenwind sie aufs Frühstücksbüffet wehen, direkt in das Töpfchen mit in Senfmarinade eingelegten Heringen. In Mardsele jedoch haben sich die Birken vom Herbst erst blonde Strähnchen machen lassen. Sie scheinen noch zu überlegen, wie ihnen das steht.

Lennart mimt den Hexenmeister. In einer schwarz geräucherten Blockhütte am Fluss lodert Feuer, Lennart hantiert mit riesigen metallenen Pfannen, über seine Pranken hat er Fäustlinge gestülpt, im Dunkeln sieht es aus, als würde er zur Not mit den Händen in die Glut fassen. Doch das Spektakel dient nur dazu, dreißig Scheiben Renfleisch zu grillen, und ein bisschen dazu, sich zu vermarkten. Es sagt: »Ich bin hier der Chef, Jungs. Aber ich hau euch auch ein paar Steaks in die Pfanne, Jungs.« Lennarts Unternehmen ist ein Wildniscamp und es heißt Forsknäckarna – Stromschnellenknacker. Auf der Höhe von Ekorrsele schnellt der Strom schon beachtlich, hier befährt Lennart den Vindelälven mit Raftingbooten. Touristen sitzen da schon auch mal im Neoprenanzug bibbernd auf dem Gummirand, aber meistens treffen Busse voller Konferenzteilnehmer ein. Sie tagen in einem Hotel, die Firma schmeißt eine Runde Wassersport. Den Weg vom Bus ins Camp treten die Männer an, als ginge es an die Front, als könnte jederzeit aus Lautsprechern der Ruf erschallen: »Goooooood Morning Vietnam!«

Bei Licht betrachtet ist Lennart ein umgänglicher Mensch, in seinem rotkarierten Flanellhemd und der randlosen Brille sieht der Fünfzigjährige aus wie eine Mischung aus kanadischem Holzfäller und schwäbischem Komponisten. Ein riesiges Waldstück am Fluss hat er gekauft, auf diesem Abenteuerspielplatz können Zivilisationsmüde in Blockhütten übernachten, Raften oder in Teamspielen an Hängeseilen durch Baumwipfel klettern und auf einer Riesenschaukel an fünfzehn Meter langen Seilen über den Fluss hinausschwingen. Im Winter heizt Lennart auf Snowmobilen durchs Gelände, auch das ein Spaß für Freizeitwilde. Er persönlich mag den Sommer, sagt Lennart, aber das Geschäft brummt im Winter: Dann hat es wochenlang minus fünfzehn Grad, auch mal minus vierzig. »Schönen Sommerurlaub kannst du auf der ganzen Welt erleben. Aber knackigen Winter, das gibt es nur in Alaska, Kanada und Nordskandinavien.« Stolz zeigt Lennart auf Fichten, um die herum er seine Hütten gebaut hat. So wenig wie möglich wollte er fällen, »dicke Stämme findet man in Schweden sowieso kaum noch.« Anstatt nach hundertzwanzig Jahren werde nach siebzig Jahren gefällt, Streichholzwälder seien das. Auch die Rentierzucht leidet unter radikaler Holzwirtschaft. Erst walzen schwere Maschinen den Waldboden nieder. Ohne Schatten trocknet der Boden dann im Sommer aus, da wächst kein Moos mehr.

Warum sich Leute – wie Lennarts Raftingkunden – in ein Boot setzen, nur um nass zu werden, hat Seth nie verstanden. Dabei ist er nicht wasserscheu, jeden Tag rudert er über den Fluss. Seth lebt in Mardsele, und das seit achtzig Jahren. Nur einmal ist er umgezogen, von einer Seite des Flusses auf die andere. Rechts des Vindelälven kam er zur Welt. Diese Welt bestand aus ein paar roten Holzhäusern und war viel bevölkerter als heute. 1948 wechselte Seth mit seiner Frau auf die andere Seite des Flusses, dort wurde die Durchgangsstraße gebaut, dort lebte man nun. Seth Holmström war Flößer. Mit vierzehn Jahren fing er an zu arbeiten, da hatte er sechs mal vier Monate Schulbildung hinter sich. Genug. Im Winter schlugen die Flößer im Wald Holz, im Sommer brachten sie es auf dem Vindelälven bis ans Meer. Dann war der ganze Fluss bedeckt mit Stämmen, man hätte zu Fuß von einem Ufer ans andere gehen können! So ist sein Onkel ertrunken. Seth sah zu, da war er fünfzehn. In jedem Dorf entlang des Flusses, sagt Seth, gibt es solche Geschichten. Flößer zu sein war ein hartes Los – aber die Arbeit war bei den jungen Männern beliebt. Man konnte sein eigenes Geld verdienen, ohne auf einem Acker buckeln zu müssen.

Die Arbeit war gefährlich. Wenn die Stämme sich wieder einmal in Stromschnellen verkeilten, ruderten die Männer mit ihren dünnen Holzbooten zu dem Riesenmikado, steckten Dynamitstangen hinein und sahen zu, dass sie Land gewannen. War der Fluss ihr Feind? Nein, sagt Seth. Er war wichtig, jemand, den du liebtest. Er gab dir Arbeit und Essen. Nach den schönsten Momenten in seinem Leben befragt, denkt Seth eine Weile nach. Dazu spaziert er durch sein altes Dorf. Er hat seine Besucher über den Fluss gebracht, an diesem Tag ist er schon zweimal hin- und hergerudert, über Stromschnellen, groß genug, dass Kajakfahrer solche Stellen suchen. Seth ist klein geworden im Alter, er geht gemächlichen Schrittes, seine Schultern sind ihm mittlerweile fast eine Nummer zu groß. In diesem Alter das tägliche Rudern, wie schafft er das? Seth lacht, und das tut er oft, gluckst heiter wie ein Bach: Genau das sei doch seine Medizin, das Rudern! Am anderen Ufer steht sein Geburtshaus, jetzt das Wochenendhaus seiner

Tochter. Dort jätet er in den Kartoffeln, versorgt den Rasen. Keines der Häuser ist noch ständig bewohnt, aber fast alle sind gepflegt. Verkauft wurde keines, alle gingen an die nächste Generation, die in den Städten lebt. Nur ein Haus verfällt, ausgerechnet das des ehemals reichsten Bürgers. Es steht noch immer stattlich da, nahe am Fluss. In Wetterbraun wirft es sich ins Holz, die gelbe Veranda deckt ein zierlich geschnitztes grünes Dach. Seth erzählt von Jugendtagen, das verwilderte Gras davor bevölkert sich mit den Menschen seiner Erinnerung. Frauen in langen Röcken, Gelächter, Seths Akkordeon mit dem schnittigen Rhythmus. Sie tanzen, spielen Karten. Ein Schrei! Der Reiche ist von seinem Dach gefallen, hat sich seine Zunge abgebissen. Aber der war ein Tausendsassa! Der war Bankier und Arzt, Veterinär und Politiker. Da sitzt er nun auf der Veranda, wo es am hellsten ist, eine Frau hält ihm einen Spiegel. Und er näht sich doch tatsächlich selber seine Zunge wieder an! Seth hat nachgedacht: »Die schönsten Momente, die waren am Fluss. Wenn ich Glück hatte beim Angeln.«

Bei Kerzenlicht im Kraftwerk

Wie der Alta-Staudamm den Samen half

Die Ironie des kleinen Zwischenfalls kann so richtig nachvollziehen, wer die komplizierte Geschichte des Staudammprojekts am norwegischen Alta-Fluss kennt: Als die Führerin mit ihrer kleinen Gruppe tief in den Berg hineingefahren ist, mitten im Zentrum des Wasserkraftwerks sitzt – fällt der Strom aus. Finsternis umschließt die Besucher, zum Glück finden sich in der Besucher-Cafeteria Kerzen. Tatsächlich sollte es dann zwei Tage dauern, bis das Kraftwerk wieder auf vollen Touren Strom produzierte. Doch wenn es nach der samischen Bevölkerung der Region und landesweiten Naturschutzgruppen gegangen wäre, wäre das Kraftwerk überhaupt nie gebaut worden.

Wir befinden uns in den siebziger Jahren, turbulente politische Zeiten auch im Norden Europas. 1970 beschließt die Regierung, die Wasserkraft des Alta-Flusses zur Stromgewinnung zu erschließen. Ein gigantisches Staudammprojekt entsteht, auf dem Papier.

Das Dorf Masi sollte nach diesen Plänen geflutet werden, Zwangsumsiedlungen und Artensterben von Flora und Fauna wären die Folge gewesen. Widerstand formiert sich. Samen besetzen zwischen 1979 und 1981 monatelang die Baustelle. Sie ketten sich fest und gehen sogar vor dem Storting in Oslo in Hungerstreik. In der Fjellstue Gargia erinnert ein Denkmal an diese Ketten, heute ist Gargia ein bei Besuchern beliebter Gasthof, damals kamen die Bürgerrechtler unter. Denn schon bald geht es um mehr als um Umweltschutz. Es geht um die Selbstfindung und Rechte der Samen. Der Protest gegen den Staudamm wird zum landesweiten Aufmucken der Urbevölkerung des Nordens. Dass es so etwas überhaupt gab in Norwegen, eine Volksgruppe, die schon vorher da war, die schon vor den Wikingern, mit denen sich die Norweger so gerne identifizieren, hier oben zu Hause war – das hatte in Norwegen niemand so recht wahrhaben wollen. Gerade im Norden hatte nach dem Zweiten Weltkrieg erst einmal der Aufbau des Landes Priorität, Städte und Dörfer mussten wieder errichtet werden, die die Deutschen bei ihrem Rückzug der verbrannten Erde komplett niedergebrannt hatten. Auf die Ansprüche einer hier ihre Rentierherden durchtreibenden nomadischen Volksgruppe Rücksicht zu übernehmen, das überforderte das Kollektiv zunächst.

Die Aktion gegen den Alta-Damm rüttelt das Land auf und durcheinander. Über sechshundert Polizisten rücken an, um die aneinander geketteten Menschen zu trennen, es ist Norwegens größter Polizei-Einsatz, die Bewohner fühlen sich wie in einen Guerillakrieg hineingeraten. Nilas Somby, der »einzige Terrorist Norwegens«, wie er bis heute genannt wird, versucht eine Brücke in die Luft zu sprengen, verliert dabei einen Arm. Er geht als der vermutlich einzige politische Flüchtling Norwegens nach Kanada, wo er jahrelang mit einem Indianerstamm lebt.

Der Staudamm wird dennoch gebaut, aber deutlich kleiner als geplant. Das Kraftwerk liefert sechshundertachtundzwanzig Megawattstunden und reicht für dreißigtausend Einwohner, Alta hat fünfzehntausend Bewohner. Führungen durch das Kraftwerk gehören zum Standardausflugsprogramm in Alta, im Inneren der unterirdischen Bauwerks hängen große Fotos an den Wänden, sie zeigen die Natur der Finnmark; Broschüren von Statkraft Alta versprechen, moderne Wasserkraftwerke gingen zart mit der Natur um. Sogar von den größten würde man nur die Staumauern sehen. Das stimmt natürlich, man sieht eben nur anderes nicht mehr, nämlich den freien Lauf des Flusses.

Letztendlich half die Protestaktion den Samen, stärkte ihr politisches Selbstbewusstsein und ihre kulturelle Identität. 1988 wurde das norwegische Grundgesetz um den Paragrafen 110A ergänzt, der den staatlichen Behörden auferlegt dafür zu sorgen, dass die samische Volksgruppe ihre Sprache, Kultur und Lebensweise bewahren und weiter entwickeln kann.

Bis heute ist der Alta ein berühmter Lachsfluss, natürlich nur unterhalb des Damms, denn die hundertzwanzig Meter hohe Stufe könnte kein Lachs überwinden. Auch der König kommt traditionell hierher zum Angeln. Es heißt, dass dann auch schon kleine sogenannte Unfälle im Kraftwerk passieren. Damit der beliebte König einen Fluss vorfindet, der viel Wasser führt und in dem die berühmt großen Alta-Lachse munter springen, werden die Schleusen etwas mehr geöffnet als sonst. Aus Versehen, versteht sich.

Minenarbeiter und Mädchen

Die Zeitläufe haben Sulitjelma auf und ab geführt

Sulitjelma liegt in einer Sackgasse. Das sollte man
nicht im übertragenen Sinn verstehen, sondern nur
ganz wörtlich nehmen. Das Dorf liegt östlich von
Fauske am Langvatnet-See, dahinter führen nur
noch Schottersträßchen in die Wälder und an fischreiche Seen, aber nicht mehr aus der Wildnis heraus.
Weiter geht es nur zu Fuß.

Wer sollte an so einem Ort Gefallen finden?
Heute beantwortet sich die Frage leicht, ist doch
eine schöne Landschaft ein Argument geworden,
und die Berge, die sich hinter Sulitjelma steil hi-
naufwerfen und nach Schweden führen, der grün
glänzende Wasserspiegel des Sees und die Wälder
eben, sie tragen dazu bei, dass Sulitjelmas Einwoh-
nerzahl wieder steigt. Hier wohnen Pendler, die in
der Kreisstadt Fauske arbeiten, im Marmorwerk
oder in einer der Behörden, die in erschlagend nüch-
ternen Nachkriegsgebäuden den Lauf der kleinen
Welt organisieren. Diese Pendler ziehen es vor, in
Sulitjelma in einem der hübschen Holzhäuser mitten in der Natur zu leben und nur zur Arbeit in die
Stadt zu fahren. Aber Sulis, wie der Ort von seinen
Bewohnern genannt wird, hat schon andere Zeiten
gesehen, Jahrzehnte, in denen die Menschen dicht
gedrängt in winzigen Wohnungen lebten, mehr-
köpfige Familien in einem kleinen Zimmer und so
viele Schichtarbeiter in einer Baracke, dass alle nur
deshalb Platz zum Schlafen fanden, weil sie eben

schichtweise arbeiteten und auch schliefen. Vor diesen Zeiten war Sulitjelma noch nicht einmal ein Dorf, es gab nur ein paar Höfe und die riesigen Areale, auf die die Samen ihre Rentiere zum Schlachten trieben.

Der Kupferbergbau bestimmte Sulitjelmas Geschick nachhaltig, und zwar zweimal: als er anfing und als er endete. Ende des 19. Jahrhunderts hatte ein Samenmädchen einen golden glänzenden Steinbrocken gefunden und herumgezeigt. Derartige Gründungslegenden scheinen zu Bodenschätzen zwingend dazuzugehören: Weiter im Norden, in Alta, war es das einfache Mädchen Marit Aslaksdatter, das den Stein ins Rollen brachte. Nils Persson, ein schwedischer Industrieller, erfuhr von dem Stein aus Sulis, der aus kupferhaltigem Pyrit bestand, er schickte 1887 einen Vertrauten in das Dorf, der schon bald mit der ersten Arbeiterkolonne anrückte. Persson erwarb alle Schürfrechte, der Kupferabbau begann, und zwar in großem Stil. Während der prosperierenden Zeiten durchzog die Berge rund um den See ein schier unendliches Tunnelsystem, allein achthundertachtzig Kilometer Eisenbahnschienen wurden unter Tage verlegt.

Persson unterstütze mit seinem Reichtum Forschungsunternehmen, er finanzierte den Polforscher Nordenskjöld und half Ingenieur Andrée bei seiner – unglücklichen – Ballonfahrt von Spitzbergen Richtung Nordpol. Doch in Sulitjelma regierte die Bergwerksgesellschaft mit harter Hand. Ihr gehörten nicht nur die Wohnhäuser und der Laden, es gab sogar eigenes Geld in Sulis. In der so knapp bemessenen Freizeit drängten die Menschen ins Freie, Sport spielte eine große Rolle, und wer irgendwie konnte, baute sich eine Hütte im Wald. So mancher

Tisch wurde aus Brettern von Dynamitkisten zusammengeschreinert.

Alte Fotos, die im Museum zu sehen sind, zeigen ein hartes Leben, verbrauchte Gesichter, gebeugte Körper. Aber man versuchte auch, das Leben zu genießen. Ein Bild zeigt eine gewisse Anna – beim Skispringen. Es ist ein unscharfes Bild, so schnell ist sie unterwegs, die wehenden Rockschöße, die bis zu den Skiern reichten, sind gut zu sehen. Drei Meter bestimmt segelt sie so, wie Mary Poppins, über dem Schnee einen Hügel hinab.

1907 wollte die Grubengesellschaft die Kontrollen während der Arbeit verstärken, sie führte eine Bleimarke ein, die alle Arbeiter tragen mussten, Sklavenmarke nannten die Minenarbeiter diese, und damit trieb es die Gesellschaft zu weit. Bis zu diesem Zeitpunkt war sofort entlassen worden, wer auch nur flüsternd von Gewerkschaften sprach. Im Winter 1907 jedoch versammelten sich alle Grubenarbeiter auf dem zugefrorenen See, alle tausendzweihundert Mann, und gründeten ihre eigene Gewerkschaft, den Norsk Arbeidsmandsforbund.

1991 arbeiteten noch hundertdreißig Mann in der Mine. In diesem Jahr endete Sulitjelmas Kupferabbau, wegen Unrentabilität geschlossen, fast von einem Tag auf den anderen gab es praktisch keine Arbeitsplätze mehr, da geriet Sulitjelma dann wirklich in eine Sackgasse. Aber John, der ebenfalls seine Arbeitsstelle in den Gruben verloren hatte, handelte vorausschauend. In den Jahren nach der Schließung des Bergbaus wurden Häuser für symbolische Preise verkauft, nur um sie überhaupt loszuwerden. Johns Eltern besitzen einen Campingplatz, den John bald übernehmen wird. Er kaufte für zwanzigtausend Kronen so ein Holzhaus, es war gut in Schuss, sagt er, das Dach noch dicht, die Fenster nicht zerbrochen. Vor drei Jahren hat er es um den zehnfachen Preis verkauft, an einen aus Fauske, der eben lieber zur Arbeit pendeln wollte, als nur am Wochenende ins Grüne zu fahren.

Um sich nun hier ein Haus leisten zu können, muss man weggegangen sein. Wie Jens, der in Bodø Betriebswirtschaft studiert, aber in den Ferien gerne nach Hause kommt. Er verwaltet das Bergbaumuseum, hat sich hineingekniet in die Geschichte seines Heimatorts. Seine vierzehnjährige Kusine hingegen langweilt sich, keine Shops, und somit keine Vergnügungen, findet sie. Zu gerne würde sie ihre freie Zeit wie andere norwegische Mädchen ihres Alters verbringen. Die schlendern in den Provinzstädtchen stundenlang durch Einkaufszentren. Was Italienern die Piazza, ist ihnen so eine Ladengalerie: Ort und Anlass zum Sehen und Gesehenwerden. Für Besucher ist das auf den ersten Blick nicht nachvollziehbar. In der sterilen Atmosphäre von Kettenfilialen, Imbissbuden und Ramschläden verweilen sie ungern. Die jungen Mädchen indes verbringen hier ihre Nachmittage. Schließlich ist es draußen auch selten warm genug, um gepiercte Bauchnabel herzuzeigen.

Gar so viele Fremde finden den Weg ohnehin nicht in dieses Tal. Norwegen ist so groß, viele seiner Landschaften sind so spektakulär, auch Sulitjelma ist schön, aber wenig bekannt. Ein Wanderweg führt hierher, drei Tage lang geht man dafür fern wirklich jeder Zivilisation auf der Nordlandsruta. Auch Wanderenthusiasten dürften von diesem Fernwanderweg wenig gehört haben, sein Ruhm verblasst neben den allbekannten Strecken des Kungsleden oder des Nordkalottleden. Die Nordlandsruta verbindet lokale, markierte Wanderwege zu einer Tour vom Polarkreis Richtung Norden, so ein Weg führt vom Junkersdalen nach Sulis. Zwei winzige Hütten stehen unterwegs, sie sind immer geöffnet, Feuerholz liegt parat. Wem das auch schon zu viel Zivilisation bietet, der schlägt sein Zelt auf, irgendwo im Grün, gut möglich, dass er drei Tage lang nicht eine Menschenseele trifft. Man wandert durch ein einsames bewaldetes Tal, quert auf stabilen aber schwankenden Hängebrücken Bäche und umrundet schließlich den schmerzlich schönen Balvatnet-See. Erst dort, an seinem nahe Sulis gelegenen Ufer, bei Fischercamps und den in Nordnorwegen allgegenwärtigen *hytter*, den Wochenendhütten, belebt sich der Wald. Sulitjelma zählt siebenhundertfünfzig Einwohner, doch auf dem Gemeindegebiet stehen über achthundert solcher Hütten, weit verstreut. Viele sind seit Generationen schon in Familienbesitz, stammen aus der Zeit, als die Menschen zwar kaum Freizeit hatten, aber diese an der frischen Luft verbringen wollten. So mancher Besitzer wohnt mittlerweile Hunderte Kilometer entfernt, in Oslo oder sonstwo im Süden. Aber eine Hütte hergeben, verkaufen gar?

Die Wege von Sulis nach Osten, auf schwedisches Gebiet, waren in anderen Zeiten stark frequentiert: Auf ihnen flüchteten während der Besetzung Norwegens durch die Deutschen viele Männer, geführt von lokalen Guides. Manch einer sei Bergarbeiter gewesen, erzählt Jens, zwischen zwei seiner harten Schichten schlug er sich durch die Berge, brachte Menschen in Sicherheit, kehrte zurück und fuhr gleich wieder unter Tage.

All diese Geschichten hat Jens nicht aus Büchern erfahren, dort hat er sein Wissen nur verfeinert. Als Kind verbrachte er jedes Wochenende mit den Großeltern in der Hütte im Wald, tagsüber ging er mit seinem Großvater zum Fischen und abends saßen sie vor der Hütte oder drinnen um den Ofen und der Großvater erzählte. Sulitjelma stand unter besonderer Beobachtung der Deutschen, Kupfer und Schwefelkies waren kriegswichtig, wurden für die Rüstungsindustrie benötigt. Fünfzig deutsche Soldaten hielten ständig Wache rund um Sulis, ab 1942 war hier auch Grenzpolizei stationiert.

Trugve Edin aus Jakobsbakken, einem Ortsteil von Sulis, gelangen dennoch unzählig viele Touren mit Flüchtlingen, schließlich aber musste er nach Schweden fliehen, seine Frau Solveig steckten die Nazis ins Gefängnis, die beiden kleinen Kinder kamen zur Oma. Diese Sippenhaftung wollte der zwanzigjährige Kare Bug für sich vermeiden. Fünfundachtzig Touren gelangen ihm, dann wurde es brenzlig, er floh ebenfalls nach Schweden, aber zusammen mit seinen Geschwistern und seinen Eltern. Die Flucht gelang – dank Inga Staggo, einer ganz ungewöhnlichen Frau. Sie war Samin, lebte in Mavas an einem See, unweit der schwedisch-norwegischen Grenze. Hunderte von Flüchtlingen ruderte sie über diesen See, in die Sicherheit, nach Mavas, dem Sammelpunkt in Schweden. Dabei war Inga keine abenteuerliche junge Frau. Zur Zeit des Krieges war sie bereits über sechzig Jahre alt. Die kleine, zähe Dame bekam nach dem Krieg von der schwedischen Regierung den König-Haakon-Orden verliehen, Fotos zeigen sie als stolze Frau, in ihrer Samentracht, mit dem umgehängten Orden.

In einem Wettbewerb um seltsame Diplome würde Sulitjelma gut abschneiden. In Johns Büro im Campingplatz hängt noch die Auszeichnung seines Großvaters, der sein Examen an der Torfschule machte. Kein Schreibfehler, sondern eine Schule für Torfstecher; unweit des Campingplatzes verrosten Maschinen im Wald, dort wurde Torf gestochen. Im Kreisgebiet wurden sogar alte Skier im Torf gefunden, sehr alte Skier: Tausendvierhundert Jahre alt waren die behandelten Bretter, die alten Norweger flitzten damit im Winter über den Schnee, und damit ihre Skier im Sommer nicht austrockneten, lagerten sie diese zur besseren Haltbarkeit im Torf. Vermutlich hatte da mal einer seine Bretter zu gut vergraben und im Sommer nicht mehr gefunden. Ein anderes Diplom kann in der Rauchschule erworben werden, die ist in die einstige Grube Furuhagen eingezogen; hier lernen Feuerwehrleute aus ganz Norwegen, wie sie bei Tunnelbränden vorgehen müssen.

Fast alle Gruben wurden jedoch zugemauert, die meisten sind voll Wasser gelaufen, da sie sich bis zu fünfhundert Meter unterhalb des Wasserspiegels des Sees befanden. Doch Giken I und Giken II können besichtigt werden, eineinhalb Kilometer fährt man mit einer kleinen, offenen Bahn in die Gruben, die Lok lärmt, es rumpelt, die engen Tunnelwände schießen vorüber. Nils Berg hat selbst fast zwanzig Jahre in der Mine gearbeitet, heute führt er Besucher. Er ist sechzig Jahre alt, drahtig, seine blauen Augen sprühen, »Mir hat es hier unten immer gefallen«, sagt er, bis heute ist seine Begeisterung zu spüren. Gar so hart sei die Arbeit nicht mehr gewesen, mithilfe der schweren Maschinen. In den Anfangszeiten des Kupferbergbaus dauerte eine Schicht zwölf Stunden, man arbeitete sechs Tage die Woche, zu Nils Zeiten waren es, dank der Gewerkschaften, noch fünf Tage und sechsunddreißig Stunden.

Ausführlich und launig antwortet er auf Fragen, den Besuchern wird allmählich klamm, aber er scheint sich in der Unterwelt pudelwohl zu fühlen. Auf dem Boden des Ganges glänzen verlockend die goldenen Pyritstückchen, die die Besucher heimlich einstecken. Dabei sagt Nils: »Ihr könnt mitnehmen, so viel ihr tragen könnt.«

Was war es, was ihm gefiel? Versonnen meint er: »Alles, die Arbeit, die enge Kameradschaft. Im Winter, wenn es draußen minus zwanzig Grad hatte, war es in manchen Gruben weit unten plus zwanzig Grad warm.« Und grinsend zeigt er später in der Aufsichtskanzel eines Grubenaufzugs auf die »Galerie« mit aufklappbaren Fotos aus den siebziger und achtziger Jahren, eine ganze Sammlung von Pin-ups mit Frauen, die mittlerweile wohl längst Kinder wenn nicht gar Enkel haben.

Hatte er nie Angst, hier unten? »Nein. Irgendwie nie. Es gab Männer, die haben angefangen zu arbeiten, haben sich aber nicht wohl gefühlt, von Anfang an nicht. Die sind dann nicht lange geblieben. Für die war es besser, sie suchten sich eine andere Arbeit. Für das Leben im Berg muss man geboren sein.« Nur manchmal, im Sommer, wenn draußen die Sonne schien, sei es ihm nicht ganz so leicht gefallen.

Von der Zeit des Kupferbergbaus ist Sulitjelma nicht viel geblieben. Im einstigen Hauptgebäude der Grubenverwaltung sitzt nun ein Callcenter, hier landet, wer in Oslo telefonisch ein Taxi bestellt. Sulis grün schimmernder See – ist eine Abfallgrube. Jahrzehntelang lief aus den Gruben Wasser mit toxischen Metallrückständen hinein, überhaupt der ganze Aushub aus den Gruben kam in den schönen See. Bis heute ist er verseucht. Das Museum vermag nicht wirklich Besucher in das Talende zu locken, attraktiver ist da schon die gewaltige Landschaft, die zur Grenze nach Schweden hin steil aufragenden Berge. Wer Einsamkeit in der Natur liebt, findet hier sein Paradies. Wer auf dem Kungsleden durch Schweden wandert, wird damit so manchem Wanderer imponieren können. Wer auf der Nordlandsrute nach Sulitjelma marschiert, kann seine Begeisterung kaum je mit Gleichgesinnten teilen – aber dafür gehört ihm auch die Natur rundum für ein paar Tage ganz allein.

Bloß kein Brokkoli

Mit dem Rentierschlitten durch Schwedisch-Lappland

»Hörst du das?«, fragt Denis. Er steht nackt im Schnee, vor der Sauna, aus dem Wald tönt dieses seltsame, helle Gebell. Hunde? »Nein«, sagt Denis, »das ist ein Fuchs.« Den letzten habe er vom Küchenfenster aus erlegt. Das geht ganz einfach. Du legst ein paar Tage lang Futter aus, der Fuchs wird mutiger, er kommt näher ans Haus. Und eines Abends erschießt du ihn.

Das ist ja eine laue Jagd, macht ihr das mit Bären auch so? Da lacht Denis. Bären anzufüttern sei nicht erlaubt. Außerdem: Keiner würde wollen, dass ein Bär so nah ans Haus kommt. Was für eine alberne Frage. Doch an solche Fragen haben sich Nils und Denis gewöhnt. Die beiden Schweden sind Samen, sie führen Besucher in die Welt dieses Nomadenvolks.

Mit Nils und Denis ein paar Tage hinauszuziehen, mit Rentierschlitten durch die Weite Lapplands zu traben, wir stellten uns das Doktor-Schiwago-mäßig vor, sahen uns durch Birkenwälder zockeln, in Felle eingehüllt, die Hände in einem Muff verstaut. So könnte es wohl sein, wenn einen nicht der sportliche Ehrgeiz übermannte. Denn Rentiere können rennen, wenn man sie dazu überreden kann. »Ich fahre gerne schnell«, sagt Nils, und das gilt gleichermaßen für sein Alltagsfahrzeug, das Schneemobil, wie für den Rentierschlitten.

Ein großer Viehanhänger transportiert unsere Rentiere vom Sammelplatz in ein Wäldchen. Die

Fahrt scheint die Tiere nicht begeistert zu haben, es rumpelt in der Metallkiste, und als alle Ren glücklich herausgezerrt sind, haben drei ihr Geweih verloren. Sie stoßen diese ohnehin jährlich ab, Nils stapelt die Hörner aufeinander, er wird das Blut und die Reste des samtigen Überzugs abputzen und sie in seinem Laden für hundertachtzig Kronen das Stück verkaufen.

Wir stehen herum, fotografieren die Tiere und ihre Meister, uns ist ein bisschen langweilig, nichts wird hier fertig, Denis und Nils puzzeln ewig herum an Geschirr, Schlitten und Gepäck. Wir scharren mit den Hufen. Nils grinst sich eins. Später, bei einer Pause am Lagerfeuer, wird er sagen: »Es ist mit allen Gästen dasselbe: Sie brauchen zwei Tage, bis sie runterkommen.« Andauernd würden sie fragen, wie lange dies dauere, wie weit es bis dorthin sei. Am schlimmsten sei es mit den Skandinaviern, denen aus den Städten. Auf jeden Hügel würden sie rennen, um Empfang für ihr Mobiltelefon zu haben. Sie fassen es am wenigsten, dass hier noch Wildnis ist.

Sich selbst bezeichnet der Siebenunddreißigjährige als Same mit schwedischem Pass. Die Samen leben im Norden Europas, in Norwegen, Schweden, Finnland und auf der russischen Kola-Halbinsel, ihre Sprache gehört zur finno-ugrischen Familie. Von den siebzehntausend Samen Schwedens leben allein zweitausend in Stockholm, nur etwa zweitausendfünfhundert schwedische Samen gehören einem der dreiundvierzig sogenannten Samidörfer an und betreiben Rentierwirtschaft. Zweihundertachtzigtausend Rentiere ziehen durch Nordschweden. Das Samendorf bezeichnet sowohl eine Gemeinschaft als auch jenes Territorium, auf dem die

Rentiere weiden; und dieses überschreitet Länder-
grenzen. Nils' Clan umfasst hundertfünfzig Mitglie-
der, von denen ein Drittel mit Rentieren arbeitet, den
Winter verbringen sie in den Ebenen Nordschwe-
dens, im Frühsommer aber, wenn aus den Mooren
die Moskitos aufsteigen, flüchten die Tiere und mit
ihnen die Samen in die Berge Norwegens.

Fährt man von Palermo an den Polarkreis, ändert
sich der Menschentypus bekanntlich. Ab etwa der
Hälfte der Strecke werden die Bewohner heller und
größer, wir sehen blonde Hünen und ihre Frauen.
Aber dann schrumpft der Mensch überraschender-
weise wieder, die zirkumpolaren Völker von Sibirien bis Grönland sind alles andere als blond, auch
viele Samen sind klein, gedrungen, haben hohe
Wangenknochen und eine Stupsnase, manche sehen
ein bisschen mongolisch aus.

Nils Nutti und der achtundzwanzigjährige Denis
Andersson sind wirklich nicht groß, aber sie sehen
aus wie Männer, die ranklotzen können. Soweit ihre
dicken bunten Filzjacken ein Urteil erlauben, sind sie
kräftig gebaut. Was, wie die Sauna offenbart, nicht
davon kommt, dass Denis am Lagerfeuer sagt: »Esst!
Wer weiß, wann wieder was zu essen kommt.« Sie
scheuen körperliche Arbeit nicht, das wird mit hübschen Muskelpaketen belohnt.

Nun sind endlich alle Schlitten angeschirrt, jeder Gast bekommt seinen eigenen und sein eigenes
Ren. Diese sind allesamt kastrierte Böcke, einige jetzt
ohne Geweih. Da die männlichen Tiere das Geweih
nur für Brunftkämpfe einsetzen (die Renkühe ver-
teidigen damit immerhin ihre Jungen), wirken die
Tiere ohne ihren Potenzschmuck etwas nackt und
dümmlich.

Von den drei Arten, einen Rentierschlitten zu

fahren, scheint Denis nur eine zu kennen: den Gladiator. Egal wie flott es bergab geht oder wie holprig über einen zugefrorenen See, immer steht der junge Mann auf seinem Schlitten, und immer fährt er allen voran. Aufrecht kniend lassen sich Rentiere auch gut antreiben, wer aber sehnsuchtsvoll in die Landschaft schmachten möchte, lehnt sich zurück im Schlitten, das Zugseil lose durchhängend, und zockelt dahin. Das Krsch, Krsch der Kufen klingt wie ein kratzender Cellobogen, das Schlapp, Schlapp der Tiere im Schnee gesellt sich dazu und kontrapunktisch schnalzt das Kastagnettenklappern der Hufe.

Wirklich zahm werden Rentiere wohl nie. Die Zugtiere hat Nils drei Winter trainiert, aber vor einem Ruck mit dem Geweih oder mit den scharfkantigen Resten sollen wir uns in Acht nehmen. Seht euch Denis an. »El Diablo«, sagt Denis nur. Dieses Rentier hat Denis fast die Nase zertrümmert, ein dunkles Mal ist ihm geblieben.

Als Nils vor einigen Jahren anfing, Rentiere zu trainieren, konnte das fast niemand mehr. Vor fünfzig Jahren zogen seine Eltern noch nomadisch durchs Land. Sie wohnten mal hier, mal da, im *lavvu*, dem großen Samenzelt, oder in Hütten. Erst 1963 bauten sie ein Haus in Jukkasjärvi. Als Nils seine Rentiere so weit hatte, sagte er: »Vater, komm zum Fluss herunter.« Der Achtzigjährige stand am Ufer des zugefrorenen Flusses, freute sich und war traurig zugleich. Ein halbes Jahrhundert hatte er nicht mehr gesehen, wie Rentiere einen Schlitten ziehen.

Am späten Nachmittag halten wir an einem *lavvu*, wir werden im Samenzelt übernachten, auf Rentierfellen schlafen, Rentierfleisch essen. Gedörrtes Ren zur Vorspeise, gekochtes und gebratenes Ren als Hauptspeise. Vorsichtig schiebt Denis grüne und weiße Brocken in der Pfanne hin und her, Brokkoli und Blumenkohl, tiefgefroren aus dem Supermarkt. Denis hantiert so vorsichtig, damit nichts davon in seine Portion gerät. Gemüse im Rentiertopf, das gibt es erst, seit Touristen mit hinausfahren. »Einige meinten«, so Nils, »sie müssten wahrscheinlich sterben, wenn sie drei Tage keine Vitamine bekommen.« Vitamine, er sagt es spöttisch. Multebeeren und Sauerampfer, das ist das Einzige was im Norden wächst, nicht einmal Kartoffeln gedeihen hier.

Denis stochert im Feuer herum, jeder rede davon, dass Eskimos so viele Wörter für Schnee haben, »auch wir haben dreihundert verschiedene Bezeichnungen!« Aber sie hätten zudem viele Wörter für Feuer. Warum? Das ist wieder so eine Frage, an die Denis sich gewöhnen muss. »Weil auch Feuer verschieden sind«, erklärt er.

Noch eine Frage: Wollten sie nie weg, woanders leben? Nils gibt zu, es sei »ab und zu ganz interessant«, sich hohe Häuser anzusehen, er fährt schon mal in eine Stadt. Aber woanders leben will er nicht. »In der Stadt ist kein Platz für dich und deine Gedanken«, sinniert er. Er sei stolz darauf, wenigstens ungefähr so weiterzuleben wie seine Vorfahren, eine Sprache zu können, die nur wenige Menschen sprechen. Und er erzählt von Frühlingsgefühlen. Das habe nichts »mit Liebe und so« zu tun. Du spürst es in den Knochen. Dann wollen wir in die Berge, da fühlen wir uns zu Hause, da ist unsere Freiheit.

Am letzten zugefrorenen See unserer Reise bohrt Denis Löcher in die gut einen Meter dicke Eisdecke, für jeden Gast eines, wir sollen Eislochfischen. Wir betten uns auf Rentierfelle, die Sonne gleißt, kleine Angeln wippen in den Löchern auf und ab. Ein träges Stündchen unter der wärmenden Frühlingssonne steht uns bevor. »Romantische Schwedinnen aus der Stadt«, erzählt Nils mit leichtem Spott, verliebten sich hin und wieder in dieses Lebensgefühl, und auch in einen von hier heroben. Dann ziehen sie in den Norden, mit viel gutem Willen, aber einfach sei es nicht. Nicht nur das Klima ist gewöhnungsbedürftig. »Unsere Frauen gehen nicht morgens in den Supermarkt zum Einkaufen«, sagt Nils stolz, der Lebensmittelvorrat basiert auf einem Jahresplan, auf den Erträgen von Jagen, Fischen und Schlachten, das füllt ihre riesigen Gefriertruhen, und Gemüse – wie gesagt.

Aber ruck, zuck ist es mit der Romantik des Nachmittags vorbei, weil nämlich ein Fisch an der Leine zerrt. Ich zerre zurück, ein Flussbarsch hüpft aus dem Loch. Er zappelt Tango auf dem Eis. Wer isst, was kucken kann, muss es auch töten können, polemisieren Vegetarier. Nichts leichter als das, stimmen wir Fleischfresser zu. Denis reicht sein großes Samenmesser. Den glitschigen Fisch festhalten, damit die stacheligen Rückenflossen dich nicht verletzen, und mit dem dicken Messergriff auf den Kopf hauen. Wer aber zum ersten Mal in seinem Leben etwas umbringen soll, was deutlich größer als eine Wespe ist, zögert. Denis betrachtet das Zaudern ungläubig: Just do it! Ein Schlag, der sich matschig anfühlt. Blut sickert in den Schnee. So. Nächstes Jahr soll Denis mal seine Flinte hergeben und zeigen, wie man einen Fuchs herfüttert.

Wo gehobelt wird ...

... fallen Skifahrer hin. Unterwegs auf selbst geschnitzten Brettern

Den Norwegern blieb gar nichts anderes übrig, als eine Nation von Wintersportlern zu werden. Schließlich stammt die älteste Abbildung eines Skifahrers aus Rødøy im heutigen Bezirk Nordland: Eine Felszeichnung aus der Steinzeit zeigt einen Menschen auf zwei parallelen, im Maßstab gerechnet allerdings etwa sechs Meter langen Skiern. Die Spitzen sind eindrucksvoll nach oben gebogen wie bei einem Allgäuer Hörnerschlitten. Den Stock hält der Wikinger wie ein Paddel. Aber unverkennbar und nicht zu leugnen zeigt das Graffiti einen Nordmann auf Skiern.

Eine Reliquie des Skisports hängt im Osloer Skimuseum in einem Glaskästchen an der Wand, ein Hobel. Es ist Sondre Norheims Hobel. Norheim, geboren 1825 in der Region Telemark, wird gemeinhin als Erfinder des Skisports gefeiert. Das Treppchen gebührt ihm jedoch nicht wirklich, meint Karin Berg, die Direktorin des Skimuseums. Norheims Skier waren Sportskier, doch als Fortbewegungsmittel gab es Skier in Skandinavien wie gesagt seit Jahrtausenden. Man ging damit auf Jagd oder besuchte sich gegenseitig auf weit auseinandergelegenen Höfen.

Es gab allereinfachste Modelle aus Fassdauben, aber auch reich verzierte Skier, graviert wie wertvolle Gewehrschäfte oder elegant wie Zierleisten in Akanthusschnitzerei an Stabkirchen. In den waldreichen Gegenden des norwegischen Südens lief man auf kurzen, breiten Skiern, auf den Hochplateaus des Nordens dagegen auf langen, schmalen Brettern. Heute versteht man unter Skiern zwei gleiche Bretter, aber das war nicht immer so: Eine mittlerweile ausgestorbene Linie der Skievolution versuchte sich an einem langen Brett und dazu einem viel kürzeren, schneeschuhähnlichem: Rollerskier sozusagen, für einen Gleitfuß und einen Schiebefuß. Der Norweger Fridtjof Nansen zog 1888 »Auf Ski durch Grönland«. Seine Skier sind allerdings die Luxusvariante: Er nagelte an die Sohle eine Eisenplatte gegen die Feuchtigkeit. Außerdem befestigte er dort Elchfell. Es verhindert Abrutschen nach hinten und erleichtert das Gleiten.

Norwegische Studenten verbreiteten um die vorige Jahrhundertwende das Skifahren in Europa. Engländer hatten in den Alpen das Hinaufsteigen auf Berge in Mode gebracht; die Norweger machten das Hinunterfahren populär. Das brachte dem skandinavischen Ursprungsland einen kleinen wirtschaftlichen Aufschwung: »Von da an war Skibauen ein Zusatzverdienst auf den Höfen«, erklärt Per. Bauern schlugen möglichst gerade gewachsene Kiefernstämme, lagerten sie ein paar Jahre, hobelten mehr oder weniger kunstfertig Skier heraus und verkauften sie auf dem Markt in der Stadt. Von dort nahmen die Studenten ihre Skier mit in die norwegische Natur und in die Welt.

Um solche ursprünglichen Skier zu bauen und dann damit zu fahren, sind wir nach Norwegen gekommen, zu einem Skiworkshop: In drei Tagen soll aus zwei Brettern wahrhaftig ein Paar Skier werden. Nun steht eine Gruppe Stadtmenschen in der *gamme*, dem traditionellen hölzernen Rundbau, und werkelt, dass die Fetzen fliegen. Damit wir uns dabei nicht aufführen wie die Axt im Walde, erteilt uns Per Unterricht, danach wird uns André in die Winterwelt führen. Per fertigte seine ersten Holzskier in den siebziger Jahren. »Als alle nur noch Kunststoffskier fuhren, wollte ich die Tradition bewahren.«

In Pers Hand gleiten diverse Werkzeuge elegant über das Brett: Zugeisen, Ziehklinge und verschieden geformte Hobel. So mühelos, als würde er mit dem Käsehobel Scheibchen vom dunkelbraunen *gudbrandsdalenost* aufs Frühstücksbrot schaben, dem karamelsüßen norwegischen Käse. Bei uns dagegen hinterlässt jedes Werkzeug nur tiefere Schrunden und Kratzer im Holz, anstatt die Oberfläche zu verfeinern.

Nicht nur handwerkliche Fähigkeiten kann man im Workshop erproben, auch Geduld. Wo einer das Werkzeug am liebsten nach dreißig Sekunden in die Ecke geworfen hätte, hobelt er hier Schicht für Schicht und Stunde um Stunde, bis das Brett geschwungene Formen annimmt. Und tatsächlich: Die Bewegungen werden harmonischer, der Rhythmus schafft eine meditative Stimmung. Harziger Kiefergeruch durchzieht die *gamme*, das Feuer knistert und zu allem Überglück fällt draußen Schnee in dicken Flocken.

Auf der offenen Kochstelle in der *gamme* brutzelt später rosafarbener, in seinem Fett badender Lachs. André hüpft am Feuer herum, als sei er ein aufgezogener Spielzeugtroll. Der Norweger demonstriert, wie seine Landsleute sich auf ihren ersten Skiern bewegten und wie sie diese Technik allmählich verfeinerten. Vom Einstock- zum Zweistocksystem und von überlangen bis zu etwas handlicheren Brettern –

zu »Holzscheiten«, genauer gesagt, denn das, Scheit, heißt »Ski«.

André spielt den Animateur, ist vielleicht sogar ein bisschen aufgeregt. Am nächsten Tag soll er die Gruppe auf ihren selbst gemachten Skiern durch die Landschaft führen, er albert herum, vollführt gruppendynamische Lockerungsübungen. Dabei stünde es eher uns an, nervös zu sein. Denn um sich beim Skilaufen mit Armen und Beinen, Brettern und Stöcken zu verheddern, muss man keine steilen Abfahrten hinunterfahren. Es genügt eine schiefe Ebene. Skilaufen, Skifahren, Skispringen und Hinfallen, alles ist mit nur einem Paar Skiern möglich. Diese Art nordischer Kombination sollten wir erfahren.

Per stellt einen Kessel aufs Feuer, im Wasserdampf wird die Spitze der »Holzscheite« erhitzt und anschließend in eine Holzklammer eingezwängt. Über Nacht soll der Ski sich der Rundung fügen. Am Morgen wird der Ski aus der Folterkammer erlöst, elegant reckt er die Nase nach oben. Holzteer, mit dickem Pinsel aufgetragen, imprägniert den Rohling. Je nachdem, wie authentisch die Skier gewünscht werden, montieren wir eine moderne Telemarkbindung oder auch nur Lederriemen. Stolz betrachten wir unser Werk, aber kann man damit Ski fahren?

Unser erster Tag im Schnee, für manche der erste Tag auf Skiern seit lange vergangenen Kindertagen, verläuft glimpflich. Die Sonne scheint, die Berge dienen nur als Kulisse, die norwegische Winterwelt zeigt ihr freundliches, friedliches Gesicht, und der Fluss gluckert unterm Eis. Allerdings ist morgens noch nicht erkennbar, dass lange Bretter an den Füßen im Schnee nützlich sein können. Sie sollen doch der besseren, und nicht der verhinderten Fortbewegung dienen. Man sollte mit ihnen auf dem Schnee gleiten, anstatt das Bein zu heben, samt dem schweren Ski, um beide einen Schritt weiter vorne wieder aufzusetzen. Man sollte auch nicht das zweite Bein in der Luft nachholen, dabei die parallele Führung vernachlässigen. Dann wird man sehr schwitzen, weil Aufstehen noch anstrengender ist als Skilaufen.

Am Abend fließt erneut Schweiß. Denn neben der *gamme* steht eine Sauna, das Zweitbeste, was man aus Holz bauen kann. Wenn man nackt mit hochrotem Kopf barfuß durch den Schnee zur kalten Dusche gelaufen ist, fühlt man sich tapfer, winterfest und mannhaft. Grönlandtauglich! Fühlt sich wie Fridtjof Nansen, Grönlanddurchquerer und Norwegens bekanntester Wintersportler. Sein Argument, das Grönlandunternehmen wagen zu können, hatte gelautet: »Wir (Norweger) besitzen die Voraussetzungen, um das Klima leichter zu ertragen als die meisten anderen; und wir haben durch unsere Skiläufer eine Überlegenheit, die recht beträchtlich ist.«

Diese »beträchtliche Überlegenheit« glaubten auch wir uns binnen eines Tages angeeignet zu haben. Wenn's dem Skiläufer zu wohl wird, wird er zum Skifahrer und wagt sich aus der Ebene ins hügelige Gelände. Da haben die Anfänger nun so gerade gelernt, mit den Skiern fein säuberlich zu gleiten, schon bricht André mit uns auf zur großen Tour, zu einem Tagesmarsch über Stock und Stein, hinauf und hinab, zu einer abgelegenen Alm. Nicht genug, dass das auf Skier passieren soll, mit Rucksäcken müssen auch noch Schlafsack, Brot, Lachs, Zahnbürste und Wein transportiert werden. Es wird unsere Königstour.

Leslie Stephen, früher Alpinist und der Vater Virginia Woolfs, nannte die Alpen »playground of Europe«; wir aber finden unseren »Spielplatz« in den Bergen des Nordens. In Norwegens Winterlandschaft darf sich das Kind im Manne austoben, und nicht nur das im Manne. Hier dürfen wir alles tun, was wir schon als Kinder geliebt haben. Wir tun es, auch das, was verboten war. Zum Beispiel verschwitzt an kristallklaren Eiszapfen lutschen, bis Zunge und Lippen sich pelzig anfühlen.

Nachdem wir stundenlang im Wintergänsemarsch durch leeren Birkenwald gezogen sind, genehmigen wir uns eine Pause. Wir tollen wie Trolle im Schnee herum, die schönste Übung. Wir versuchen waghalsige Schwünge, jedenfalls für uns waghalsige. André macht es vor, und wir müssen hinterher, und sei es noch so schwer. Es ist wie »hoppe etter Wirkula«, wie die Norweger sagen, als müsse man »nach Wirkula springen«: Bjørn Wirkula aus Alta war in den sechziger Jahren ein berühmter Skispringer, nach ihm dran zu sein, demoralisierte jeden Konkurrenten.

Das Flussbett, das mittlerweile zur schmalen Schlucht geworden ist, sodass die Skier beinahe nicht um die Kurven passen, hat sich breit gemacht zu einer natürlichen Halfpipe. An den Ufern trippeln wir seitwärts hinauf bis zu den Bäumen. Da steht man nun wacklig auf den Langlaufskiern, in einer Steigung, die wir in den Alpen schnöde Idiotenhügel taufen. Es hilft nichts: Man muss die Stöcke einrammen und wie auf der Skiflugschanze in die Talfahrt springen. Es sind keine zehn Meter Abfahrt. Aber nur umdrehen und absteigen, das hülfe, wie die Verzagten auf dem Zehn-Meter-Brett im Schwimmbad. Aber dazu hat nur einer den Mut. Also wagen wir's und purzeln in den Schnee, beulen Badewannen in die weiße Decke. »Auch war es ein nicht zu kleiner Spaß für das Publikum, wenn der eine oder andere in voller Fahrt den Hügel hinunter die Balance verlor und seinen müden Leib im kalten Schnee badete.« So stand es 1843, anlässlich des ersten öffentlich bekannten Skirennens in der *Tromsø Tidende.* »Eine wahre Volksbelustigung« sei es gewesen, schrieb die Zeitung, »da sich der größte Teil der jüngeren und teilweise auch älteren Bewohner der Stadt an dieser schnellen und für die Gesundheit so zuträglichen Leibesübung versuchte.«

Und weil's so schön war, trippeln wir gleich nochmal hoch. Und nochmal. Das fühlt sich an wie in Kindertagen. Die Lederstiefel feuchten durch, die Zehen werden nass, vom dauernden Hinfallen dringt Schnee bis zum Rücken durch. Nur das Material der Handschuhe, nicht mehr Omas gestrickte Fäustlinge, ist besser geworden. Die Finger sind trocken, werden also später, im Warmen, nicht mehr so fürchterlich kribbeln.

Was macht nur so frei? Auch innen fühlt es sich an wie als Kind, so unbeschwert, nur hat man es damals nicht so gespürt. Die frische Luft ist es nicht allein. Wir haben es uns nicht leicht gemacht. Uns hat kein Skilift hergebracht, wir sind gelaufen, stundenlang und sinnlos, in dieses eine Tal von tausend Tälern. Wir haben alle zusammen die Körper geschunden. Wir sind eingebrochen in den Harsch-Schnee. Die überlangen Skistöcke verhindern das Aufstehen mehr, als dass sie helfen würden. Man liegt da, Skier und Stöcke und Beine kreuz und quer in der Landschaft. »Was mache ich hier?«, fragen wir uns, bar jeder Philosophie und Vernunft.

Nach dem Intermezzo sammeln wir uns zur Rast auf einem Hügel oberhalb unseres Flusses. In der Sonne taut der Schnee bereits, man kann auf dem Bauch im zundertrockenen Gras liegen, von unten

Rentierflechten begutachten und sich denken, es seien Wälder, Rentierflechtenbäume. Ein kleines Lagerfeuer prasselt, am anderen Ufer steigt Wald mählich empor, verdichtet sich zu dunkelgrünen Hügeln, die in der Ferne in Bläue verdunsten. Uns wird sanft ums Herz, der Himmel ist »blausa«, wie Tucholsky das nannte.

Nach einer Stunde gemächlichen Gehens erreichen wir eine verlassene Alm, von hier hat man einen prächtigen Blick. Hinter dem Tal glänzen schneeige Berge, man trifft fast niemanden, den ganzen Tag. Viel Zeit also zum Nachdenken, wenn man stundenlang durch den Wald streift, der Blick vom Vorüberziehn der Bäume müde geworden.

André telemarkt elegant den Hang hinunter. Besonders schön sieht das aus, da er fast gekleidet ist wie die berühmten norwegischen Telemarker, Langläufer und Polarforscher. Mit Kniebundhosen, Anorak und Wollmütze. Als würde vor unser aller Augen Fridtjof Nansen durch den Schnee schwingen.

Kein Schlaraffenland – für Vegetarier

Kamtschatka-Krabbe statt Kartoffeln

Auf dem Vorspeisenteller passt das Krabbenfleisch locker in ein Schälchen, man sieht ihm nicht an, welch riesigem Meeresbewohner es entstammt: Die Kamtschatka-Krabbe hat eine Spannweite von bis zu einem Meter achtzig. Zwar ist sie kein Monster, aber doch der Schrecken der Meere. Jedenfalls der Meere, in die sie nicht hineingehört. Russen haben die Krabbe bei Murmansk ausgesetzt, vor Jahren schon, sie stammt, wie ihr Name verrät, aus dem Ozean am ganz anderen, östlichen Ende des Landes, der Kamtschatka-See. In der Barentssee hat die Riesenkrabbe jedoch keine natürlichen Feinde, sie vermehrt sich flott. Norwegens Fischern graut vor der Vorstellung, sie könne sich bis in die Gewässer auf der Höhe der Finnmark ausbreiten. Denn sie macht nicht nur die Netze kaputt, sondern frisst ihre Umgebung ratzeputz leer.

»Wir bereiten sie auf verschiedenste Arten zu, man kann alles mit ihr machen, was man auch mit Hummer macht, nur dass sie halt viel mehr Fleisch hat.« Für Gunnar Andersen, Koch im »Skarven« in Tromsø, ist die Krabbe kein umweltpolitisches Thema, sondern einfach ein Lebensmittel, ein sehr schmackhaftes dazu. Das »Skarven« gilt als eines der exklusivsten Restaurants des Nordens, es hat sich »arktischen Speisen und Spezialitäten« verschrieben. Die Leckerbissen des Hauses, so verspricht die Speisekarte, werden aus »Rohstoffen unserer unglaublichen arktischen Speisekammer« zubereitet. Der Chef wünscht sich, die Kamtschatka-Krabbe würde vermehrt gefangen, nicht nur zum Wohle der Fischer und des Meeres, auch zur Bereicherung der Speisekarten.

Der Umgang der Norweger mit Meeresbewohnern erregt immer wieder Unmut, weltweit. Während die Norweger auf ihre Tradition des Walfangs und der Robbenjagd vor allem an den nördlichen Küsten pochen, werfen ihnen Umweltorganisationen rein kommerziellen Hintergrund für das vor, was dann unisono »Schlächterei« genannt wird. Das Thema ist komplex und mit Vorurteilen beladen. Unstrittig ist jedoch, dass die Robbenbestände im Nordmeer so stark zugenommen haben, dass sie dem Fischbestand zusetzen. Der, das ist dann wieder die andere Seite, unter zu starker Überfischung dezimiert wurde.

»Auch eine Greenpeace-Delegation hat bei uns schon gegessen«, brüstet sich Andersen etwas ungeschickt, Wal und Robbe hätten sie probiert. »Man muss ja wissen, wovon man spricht«, sagt der Koch, bringt da aber vielleicht doch die Argumente durcheinander. Schließlich hat sich Greenpeace nicht gegen das Robbenschlachten ausgesprochen, weil die Umweltschutzorganisation fand, Seehundschnitzel sei kein gutes Mittagessen.

Die Menschheit begann als Sammler und Jäger, wurde zu Bauern und Viehzüchtern, und ist heute eine Gesellschaft von Tiefkühlkostauftauern. Das Sammeln blieb bis heute politisch korrekt, die Jagd hingegen nicht. Es ist die leidige Geschichte: Viele denken bei Fleisch nicht an Tier, kennen nur das panierte Stück auf dem Teller, wissen wenig vom Leben und Sterben der Kreatur, von Zucht und Schlacht.

Und die Jagd ist aus dem Bewusstsein naturfern lebender Städter komplett verschwunden.

Das Stadtmuseum von Tromsø zeigt anschaulich die Problematik des Umfelds auf und lässt auch die kritischen Stimmen nicht aus. Zwei bedruckte T-Shirts hängen da einträchtig nebeneinander. Auf dem einen steht: »Intelligent people need intelligent food.« – »Intelligente Menschen brauchen intelligentes Essen«, eine etwas dümmliche Pro-Stimme für die Jagd auf Meeressäuger. Dafür lässt es die Contra-Stimme an Drastischem nicht fehlen: »Save a whale – harpoon a Norwegian.« – »Rette einen Wal – harpuniere einen Norweger.«

Das Polarmiljøsenteret, das Polar-Umweltzentrum in Tromsø, untersucht die Lebensumstände des Nordens von Mensch und Tier und Pflanzenwelt gleichermaßen. Daneben steht das Polaria, ein dem wissenschaftlichen Institut angeschlossenes Besucherzentrum, dort gibt es einen Seehundpool, zweimal täglich kann man bei der Bartrobbenfütterung zusehen. Die Meeressäuger zeigen Kunststückchen. Dies sei jedoch, betont eine junge Mitarbeiterin, keine Sealshow, das Ganze sei nicht dazu da, die Menschen zu amüsieren, die dürften lediglich zusehen, sondern um die Tiere zu unterhalten. In der Besucherbroschüre steht: »Auch Sie werden dem Charme dieser reizenden Kreaturen erliegen.« Ein Ketzer fragt aus dem Publikum, ob das dieselbe Art von Robben sei, »die ihr Norweger auch jagt?« »Ja«, sagt das Mädchen, mit einem herben Lächeln, ohne weiteren Kommentar.

Rund hunderttausend Zwergwale, die kleinste Spezies der Bartenwale, sollen sich in den von Norwegen bewirtschafteten Gewässern des Nordostatlantiks und des Zentralatlantiks tummeln. Im Skarven ist Walschinken eine Delikatesse. »Die Japaner rennen uns die Bude ein«, sagt Andersen. Zu Hause »zahlen die das Fünfundzwanzigfache für Walsteak.« Manche denken, Wal und Robbe schmeckten tranig, aber das dürfe eigentlich nicht sein, so Andersen. »Wenn es riecht, ist es nicht frisch.« Wer den Geruch einmal in der Nase hatte, vergisst ihn nie wieder. Er liegt wie eine Wolke über allen Wohnsiedlungen Grönlands, zuerst gewöhnungsbedürftig, dann wird er zum Erinnerungsinstrument für arktische Reisen, zur »Madeleine« des Nordens. In Grönland findet sich Robben- und Walfleisch auf den täglichen Speiseplänen, und die älteren Tiere sind das Hundefutter schlechthin der grönländischen Jäger.

Andersen ordert bei seinem Kellner einen Teller mit Robbenröllchen und Walschinken. Es kommt hübsch angerichtet daher, mit viel mehr Grünzeug, als es in den Küchen des Nordens sonst so üblich ist – und es schmeckt noch besser als es aussieht. Der schwäbische Starkoch Vincent Klink beschreibt es so: »Gebraten unterscheidet sich Wal kaum vom Ochsenpfeffersteak, bis auf einen leichten, angenehm süßlichen Hauch Meeresduft. Der Geschmack erinnert an Wildente.«

Das Grünzeug auf dem Teller schmeckt ebenfalls ungewohnt. Es ist Tang – und nicht jedermanns Sache. Der russische Autor Viktor Jerofejew schreibt in »Der Mond ist kein Kochtopf« über das »Eskimo-Gemüse«, das er gewürzt mit Robbentran kostete: »Mein Gott, mir wurde vielleicht blümerant! Ich wurde taub, blind, drohte zu ersticken. Der Robbentran klebte mir die Zunge fest. Ich konnte weder ausspucken noch schlucken. Ich verfluchte meine Neugier. Mir liefen die Tränen nur so runter. Ich war nicht bereit für das Eskimoleben.«

Für manche Gäste sei Robbensteak »doch zu speziell«. Sie probierten es, sagten »interessant« – und bestellten etwas anderes zu essen. Doch in dem Nobelrestaurant unweit der Anlegestelle der Hurtigrute verkehren ohnehin hauptsächlich Einheimische, den Touristen ist es zu teuer. Hier treffen sich die Ärzte der Uniklinik mit den Wissenschaftlern der Universität. Tromsø ist die am stärksten wachsende Gemeinde Norwegens, sicher liegt dies hauptsächlich an attraktiven Arbeitsplätzen wie etwa an der Universität, aber möglicherweise haben Billig-Airlines zu diesem Trend beigetragen. Früher war es eine schwierige Entscheidung, so weit in den Norden zu ziehen, es gibt ja keine Bahn, mit Bussen oder dem Schiff war man tagelang unterwegs, um in den Süden, zu Freunden und Verwandten zu gelangen. Die Diskussion, das Eisenbahnnetz in den Norden zu verlängern, wurde noch vor zehn Jahren geführt – und in der Kneipe »Jernbanen«, also »Die Eisenbahn«, in Tromsø ist sie bis heute nicht verstummt. Einmal am Abend setzt mitten im Trubel die Musik aus, eine Durchsage ertönt: Der Zug habe Verspätung – um zwanzig Jahre.

Die zehntausend neuen Studenten, die jährlich nach Tromsø kommen, gehören jedoch kaum zu den Stammgästen im »Skarven«. Sie treffen sich allerdings gerne am frühen Abend im Erdgeschoss des Restaurants am Kai, trinken Bier an langen Tischen und pulen Krabben, das Einzige, was es hier außer Erdnüssen auf der Terrasse zu essen gibt. Denn auch wenn Elch und Ren, Wal, Seehund und anderes Meeresgetier traditionelle Lebensmittel des Nordens sind, greifen auch hier die meisten im Supermarkt eher zur Tiefkühlpizza und zu Nudelkonserven oder stehen an einer Frittenbude oder einem Thai-Imbiss in der Stadt an.

Hai – eine weitere Spezialität des Nordens. »Schwierig zuzubereiten«, gesteht der Koch. Haie haben keine Nieren und lagern ihren Stoffwechselabfall im Fleisch. Nur die Isländer haben eine traditionelle Methode gefunden, Haifleisch dennoch annähernd essbar zu machen: Sie lassen es verrotten. Nach Wochen und Monaten, in denen das Fleisch traditionell in Holzkisten im Sand vergraben wurde, stinkt es gottserbärmlich nach scharfem, heute bestimmt verbotenem Fensterputzmittel. Der Ammoniak, der sich so freigesetzt hat, kann nur mit noch Schärferem bekämpft werden, was die Isländer »Schwarzer Tod« nennen. Haben sie Häppchen von *hákarl*, wie die Haidelikatesse heißt, heruntergewürgt, schütten sie mit diesem Branntwein nach. Auch erfahrene Islandreisende können schwer entscheiden, was von beidem schlimmer schmeckt, der Hai oder der Schnaps.

Andersen lacht, er kennt diese Geschichten aus Island auch aus eigener Erfahrung. Er gehe in seiner Küche sozusagen den entgegengesetzten Weg: »Bei uns kommt der Hai so frisch in die Pfanne, dass er noch nicht stinkt.« Als Standardsatz führt Andersen zu seinen Kochkünsten an: Man muss es gewohnt sein. Aber das gelte schließlich auch für Blauschimmelkäse oder Romadur.

Eine nicht ganz so absonderliche Spezialität der arktischen Küche ist der Stockfisch, in Südeuropa geliebt als Bacalao. Ursprünglich wurde er hauptsächlich exportiert, nach Portugal und Italien. Im Skarven wird er, wenn er erstmal so richtig dürr getrocknet ist – acht Tage in Wasser eingeweicht. Das Wasser muss dreimal täglich gewechselt werden. Aber in fließendes Wasser darf er auch nicht gelegt werden, das trage den Geschmack davon. Auf der Speisekarte findet sich noch Stockfischsuppe mit Wal-Chorizo, den scharfen Würsten aus Walfleisch. Im Winter wird er zum Lieblingsgericht als Gegrillter Stockfisch, da wird der eingelegte, gewässerte Fisch dann wieder kross geröstet, was dann als Hauptspeise dreißig Euro kostet. Doch dafür zahlt der Norweger gerne noch mehr Geld als für Elch, den er ohnehin im Zweifelsfall zu Hause in der Tiefkühltruhe lagert. »Bei uns gibt es nur Filet«, sagt der Chef. Ein robuster Elch wiegt fünfhundert Kilo, fünfundzwanzig Kilo Filet sind da zu erwarten.

Schaf. Auch das findet sich natürlich auf der Speisekarte. Wer im Norden über Land fährt, sieht die Tiere öfter, als ihm recht ist. Am liebsten hinter Kurven liegen sie auf dem Asphalt und glotzen erstaunt. Ihr Fleisch habe einen »speziellen Geschmack, weil sie nahe am Meer, in salziger Luft, grasen«. Dafür sind auch die isländischen Lämmer berühmt. »Aber unsere sind nicht so fett«, kontert der Norweger. Nationalstolz gehört zur Küchenkunst dazu.

Für Vegetarier ist die Arktis kein Schlaraffenland. Nördlich des Polarkreises nimmt, was den Gemüse- und Fruchtanbau betrifft, nur eines zu: die Bezeichnung »Verdens nordligste« – »der Welt nördlichster …« So wächst in Tromsø der »weltnördlichste« Weizen, aber in homöopathischen Mengen. Schon für Äpfel reicht das Klima nicht mehr aus und Kartoffeln haben es ebenfalls gern wenigstens ein bisschen wärmer. Gelbe Rüben und Kohlrabi, das immerhin gedeiht.

Auf dem Wochenmarkt in Tromsø bieten Menschen aus dem Umland Waren an, sie Bauern zu nennen, wäre wirklich übertrieben. Im Norden ist der Mensch wahrhaftig Jäger und Sammler geblieben, an den Ständen gibt es Beeren, in jeder Farbe.

Tiefschwarze, winzig kleine und deshalb um so feinere Heidelbeeren, sattrote Preiselbeeren, hellrote, als speziell »nordnorwegische Spezialität« gepriesene Erdbeeren und natürlich Multe, die zartesten Beerchen überhaupt. Wenn sie reif sind, ist allerbeste Moskitozeit. Man kann sie nicht lagern, nicht züchten, man kann Marmelade aus ihnen machen, aber eigentlich schmecken sie nur so richtig gut, wenn man sich nach ihnen beim Wandern bückt, bei jedem Schritt.

Das Angebot des Blumenstands auf dem Wochenmarkt ist, nennen wir es: überschaubar. Außer robusten Küchenkräutern bietet er – wenn auch nicht für die Speisekarte – die tapfersten Blumen des Erdballs, Geranien. Vom am weitesten entfernten Kap, dem Kap der guten Hoffnung in Südafrika, wo die Urform der Pelargonien herkommt, haben sie es nach der Geranisierung der Alpen tatsächlich bis fast zum Nordkap geschafft.

Hol mal den Futtersack!

Glück und Qual, Frust und Freude – ein
Hundeschlittenrennen

> *»Gebt mir Winter, gebt mir Hunde,*
> *den Rest könnt Ihr behalten!«*
> KNUT RASMUSSEN, Polarforscher

Der Schlitten steckt fest, zwischen einem Traktor
und einem Hauseck, regelrecht verkeilt. Das Rennen ist zu Ende, die Arbeit noch nicht. Wir müssen
die Hunde ausspannen, die Schlitten wegbringen.
Ich bin am Ende meiner Kräfte, verschwitzt und
durchgefroren, außerdem frustriert, fünfzig Kilometer weit habe ich an diesem Tag meinen Schlitten
angetreten, gerollert wie eine Bekloppte, um hinter-
herzukommen, aber es sollte nicht reichen für den
dritten Platz, jedenfalls denke ich das. Ich zerre an
dem Schlitten, fluche und heule. Vidar kommt ums
Eck, wird er jetzt einmal mit anpacken? Vidar sagt:
»Schau, was ich gefunden habe, das brauchst du
jetzt.« Er wirft mir eine Dose Bier auf den Schlitten
und geht weg. So ist Vidar.

Vidar Lökeng wurde uns per Los zugeteilt. Kol-
lege Martin Müller und ich nehmen, mit Guide Vidar, als Presseteam am Fjällraven Polar Race 2005
teil. Das Hundeschlittenrennen führt dreihundert
Kilometer weit durch die Wildnis Nordskandi-
naviens, oberhalb des Polarkreises. Acht Teams aus
europäischen Ländern kämpfen sich in vier Tagen
dreihundert Kilometer weit, von einem Fjord in
Norwegen über eine Bergkette bis zum Eishotel in

Jukkasjärvi. Jedes Team besteht aus einem professionellen Musher, dem Hundeführer, sowie zwei jungen Menschen, die unter sechstausend Bewerbern ausgesucht wurden – und noch nie Hundeschlitten gefahren sind. Jeder bekommt einen eigenen Schlitten mit fünf Hunden.

Vidar hatte als Elfjähriger seine ersten Hunde, seit sechsundzwanzig Jahren arbeitet der Norweger mit den Tieren, züchtet sie, fährt Rennen. Er gibt sich erleichtert, eines der Presseteams erwischt zu haben, die unter Wettbewerbsbedingungen mitfahren. Seine Hunde seien nicht in Topform, da er vor drei Wochen am Finnmarkslopet teilgenommen habe, einem Fünfhundertkilometer-Rennen. »Für euch ist es ja wichtig, Impressionen zu bekommen, ich möchte, dass ihr die Tage genießt, auf was anderes kommt es nicht an.« Sagt Vidar. Und schaut treuherzig mit dunkelblauen Augen durch seine randlose Brille, wie ein Geschichtslehrer in der Oberstufe. Aber irgendetwas stimmt hier nicht. Hier klaffen, wie oft auf diesem Trip, Theorie und Praxis auseinander.

Das Tohuwabohu beginnt in einem Wäldchen in Signaldalen. Überm Fjord mit seinem tiefdunklen, schweren Wasser lastet ein bleigrauer Himmel. Die je sechzehn Hunde der Teams sollen vor die Schlitten gespannt werden, im Durcheinander bewahren die Tiere eine unglaubliche Ruhe. Zwar bellen und heulen sie, aber es gibt keinerlei Zeichen von Aggressivität. Über sie stolpern orientierungslos junge Menschen, piekfein in nagelneues Goretex gekleidet. Schon bald werden auf den Hosen Spuren von Tüten-Blaubeersuppe, Hundefutter und Rotz entlangschmieren. »Geh rüber an den Trailer, da sind zwei Hunde angebunden, die holst du.« Sagt Vidar. Witzbold. Ich habe noch nie auch nur einen Hund

Gassi geführt, ich hatte nicht einmal Meerschwein-
chen. Ich hole erstmal nur einen Hund.

Das Rennen wird zum neunten Mal ausgetragen.
Die erste Etappe gilt als die anstrengendste, siebenhundert Höhenmeter geht es von Meereshöhe hinauf in die Berge. Die Teams passieren acht Checkpoints, dort werden die Zeiten gemessen und dort
warten weitere Journalisten, die das Rennen auf Motorschlitten begleiten, sitzt das Organisationsteam
um Feuerstellen und klappt seine Laptops auf.

Es geht los. Endlich dürfen die Hunde laufen, es
scheint nichts auf der Welt zu geben, was sie lieber
tun. Aber wie schnell sie laufen, das entscheiden sie
manchmal selbst. Ein flaches Tal hinein haben wir
Zeit, uns an das Gefühl zu gewöhnen, auf den Kufen
zu stehen, mit einer Hakenkralle zu bremsen. Bald
beginnen die Steigungen, und wir treten, an steilen
Stücken rennen wir schiebend hinter dem Schlitten
her. Wer die Daunenjacke angezogen hat, bereut es.

Aber bald schon geht es, heißa, heißa, steil den
Berg hinab, in engen Kurven durch den Wald. Das
macht auf Anhieb so einen Riesenspaß, dass mir das
Grinsen für den ganzen Tag auf dem Gesicht fest-
gefriert. Mangels Körpermasse und Armkraft kann
ich den Schlitten nicht um die Kurven wuchten, ich
hänge mich hinaus, auf einer Kufe balancierend, wie
Weltumsegler auf einem Katamaran. Vidar dreht
sich ein paarmal um nach mir, vielleicht auch nur
nach seinen Hunden, dann brüllt er: »Barbara! You
are born to this!« Schau's dir an, so kann er auch
sein, der grobe Kerl. Dieser Motivationsschub wird
mich vier Tage lang antreiben. Martin, ehemaliger
Leistungsschwimmer und durchtrainiert bis zu
den Haarwurzeln, lässt es ebenfalls sausen. So ist
schon nach der ersten halben Stunde klar, dass wir

hier nicht mitfahren, um Impressionen und Fotos zu sammeln, sondern weil wir einen verdammten Ehrgeiz haben, alle drei.

An den Checkpoints geht die Schufterei los. Hol mal den Futtersack. Der ist so schwer, dass ich ihn mir auf den Rücken wuchten lasse, auf dem Weg zu unserm Lager knietief in den Schnee einbreche. »Das macht dich kräftiger«, sagt Vidar lakonisch. Wir sollen Hundesalami in heißem Wasser mit Trockenfutter einweichen, die Hunde von den Leinen lösen und an ein Stahlseil anketten, mit klammen Fingern auf dem Gaskocher Menschentrockenfutter zubereiten und schließlich im Schnee das Zelt aufbauen – der Beziehungskiller schlechthin, vielleicht sind deswegen keine Paare zugelassen, sondern wild zusammengemixte Pärchen.

Die junge Schweizerin zieht mit ihrem österreichischen Partner unerschrocken durch die Winterlandschaft und erzählt, es habe sie umgehauen mit dem Schlitten, es sei nichts passiert, sie habe »nur Schnee gefressen«. Der Belgier fällt auf. Erstens, weil er Kufen poliert und zweitens weil die Belgier schon nach einem Tag einen so gewaltigen Vorsprung herausfahren, dass sie uneinholbar bleiben.

Das tapferste Team ist das britisch-italienische. Der Süditaliener Alessandro läuft jedes Jahr zwei Marathons. Mindy reiste von den Jersey-Inseln an, das dünne Mädchen hat in seinem Leben noch keinen Schnee gesehen. »Sie ist der wahre Held dieser Tour«, wird Expeditionsarzt Christian konstatieren. Alessandro ist ein Siegertyp, ein forscher Kerl, Mindy scheint ein Nachtgeschöpf zu sein, blass und schwarzhaarig, mit verschattetem Blick. Eines Abends stehen sie vor ihrem Zelt, zehn Meter auseinander, und starren in den Nachthimmel, dort kreist sich ein Nordlicht zum Zenith hin, windet sich in Spiralen, lässt flüchtige Lichtfahnen wehen. Beide fotografieren das grün Wabernde.

Schlecht ergeht es dem deutschen Team. Schon am ersten Tag liegt die arme Vanessa plötzlich mitten in der Spur. Sie hat sich mit dem Knöchel in der Bremse verhakt, doppelter Schienbeinbruch. Nur eine halbe Stunde später steht das nächste Team am Rand. Die Musherin fuhr gegen einen Pfosten, Schlüsselbeinbruch. Das norwegische und das schwedische Team werden am Ende die Letzten sein, die haben es wohl nicht so mit dem Schnee.

»Unerfahrene Reisende, die zum ersten Male mit Hunden fahren, machen einige Aufregungen durch. Mitunter werden die Tiere ganz verrückt.« Das schrieb Robert Edwin Peary. Der Amerikaner erreichte 1909 als erster Mensch den Nordpol (oder kam ihm zumindest nahe, sein Polsieg ist umstritten). Der Haupttrick der Hunde bestehe darin, über und untereinander zu laufen und ihre Stränge zu verwirren. Dann müsse der Fahrer mit bloßen Händen die Stränge entwirren. »Die Hunde springen dabei um ihn herum und bellen, als wollten sie sich über ihn lustig machen.«

Diesen Eindruck haben wir manchmal auch. Gegen den Eigensinn der Hunde kommen wir nicht an. Wir fahren über einen zugefrorenen See, die Sonne gleißt, die Kufen rumpeln und alles scheint richtig zu laufen, da beschließt Fiat oder Fergusson – meine Hunde heißen nach Traktoren – sich die Gegend anzusehen. Oder zu kacken. Oder langsam zu laufen. Mein Schlitten fällt zurück, Vidar und Martin ziehen davon, Vidar brüllt »Come on, Barbara!«, und ich trete und trete und trete und mache mühsam Meter für Meter wieder gut. Das sind Minuten, die wir unser ganzes Leben nicht vergessen werden. Die Hunde flitzen, wir schwitzen und ackern, immer tiefer dringen wir in die wilde Winterlandschaft Lapplands ein. In diesen Momenten gibt es nur uns drei, unsere Hunde und ein Ziel.

Leander, der Rest des deutschen Teams, schwärmt von der Hochebene, über die wir fuhren, baumlos, am Horizont die Berge Norwegens, Hügel wie cremeweiße Dünen entlang der Spur, in der Ferne die Ebenen Schwedens, gerne hätte er Zeit zum Schauen gehabt. Leander, tröste dich, das ging schon Peary so: »Auf unseren täglichen Märschen waren mein Geist und mein Körper zu sehr mit dem Problem beschäftigt, so viele Kilometer wie möglich zurückzulegen. Daher vermochte ich die Schönheit der gefrorenen Wildnis, die wir durcheilten, nicht zu genießen.«

Da Fjällraven Sponsor des Rennens ist, werden die Teilnehmer rundum ausgestattet. In Schichten solle man denken, sobald einem zu warm oder zu kalt ist, anhalten und die Kleidung richten, wird allen eingebläut. Vidar sagt: »Anhalten ist schlecht für die Hunde, sie kommen aus dem Tritt. Wir machen alles während der Fahrt.« Also schwitzen wir. Oder frieren. Doc Christian doziert, man solle so viel wie möglich trinken. Und essen. Wer zittere, habe oft zu wenig getrunken. Eines Mittags legt er sich zu uns auf die Isomatten in die Sonne – die Guides liegen auf Rentierfellen – und gesteht, er trinke so wenig wie möglich, das Pinkeln sei so umständlich in der Kälte. Wir bekommen Säcke voller Trekkingnahrung, Müsli und Suppen und Chili und Stroganoff, alles in Tüten. Vidar hat sich zwei Kilo Schinken eingepackt. Er schaut in unseren Topf mit der Pampe. Am letzten Abend schiebt er uns eine Packung gegrillter Hähnchenteile zu. Ist es Mitleid? Ehrgeiz?

Das Wetter ist zu feucht. Auch dafür hält Fjäll-raven Ergebnisse neuester Forschungen bereit: *systembolaget*. Schwedenkenner wissen, so heißt die staatliche Alkoholverkaufsstelle. Doch Alkohol ist auf der Tour verboten, wir bekommen *Systembolaget*-Tüten, die sollen wir zwischen zwei Schichten Socken anziehen. Das Media-Team weigert sich. Ich fahre doch nicht bei einem Outdoortest-Rennen mit, um meine Füße in Tüten einzupacken! Bei diesem Problem hat sich seit hundert Jahren nichts getan, auch Pearys Gefährte Goodsell notierte: »Es ist schwer, Strümpfe gründlich zu trocknen. Gewöhnlich wird Fußbekleidung erst gewechselt, wenn sie ganz mit Feuchte gesättigt ist.« So ist es. Bis heute.

Wir sitzen in der Sonne, Vidar auf seinem Rentierfell. »Vidar?« – »Ja?« – »Was bedeutet ›Vidar‹?« – »Das ist der Name eines norwegischen Kriegsgottes, and that means: trouble.« Ich hatte nicht angenommen, es stehe für eine Fjällblume.

Nacht. Minus zehn Grad. Martin wird sich am Morgen verschwitzt aus dem Schlafsack schälen, er schnarcht friedlich. Ich liege wach. Mir ist so kalt, ich zittere. Einzelne Hunde bellen, sie beginnen zu heulen, die ganze Meute folgt. Kommt der Wolf in ihnen durch? Ich könnte mich mühelos anschließen, Krämpfe fahren in meine Beine, ich wimmere in den Schlafsack. Der Doc sagt dazu am nächsten Tag: »Iss was Gescheites.« Ich bin umgeben von Witzbolden.

Zum letzten Teilstück starten wir als Dritte, acht Minuten nach uns die Holländer, die aber sechzehn Minuten zurückliegen. Das bedeutet: Wenn die Holländer uns überholen, was wahrscheinlich ist, wird Vidar brüllen: »Dranbleiben!«

Es kommt genau so. Schon fünfunddreißig Kilometer lang habe ich mehr gegeben, als ich je annahm, dass in mir stecken könnte. Und das wird im Nachhinein eine dauerhafte, großartige Erfahrung sein. Ich habe wie rasend in den Schnee getreten, Vidar verflucht, die Hunde angebrüllt (was beides nichts bringt), alleine hätte ich vielleicht aufgegeben, aber ein Team hängen lassen? Fünfzehn Kilometer vor dem Ziel holen uns die Holländer ein. Die Tortur ist steigerbar. Wir bleiben dran. Dann verheddert sich einer meiner Hunde, wir verlieren den Anschluss, die Holländer ziehen davon. Wie viele Minuten haben sie aufgeholt? Ist es aus mit der – ideellen – Medaille, denn genannt oder geehrt wird das Presseteam sowieso nicht. Was veranstalten wir hier eigentlich für einen Stress?

Wenige hundert Meter vor der Ziellinie, auf dem zugefrorenen Sautosjärvi-See, geschieht eine Veränderung mit Vidar. Er lässt alle Anspannung fallen, hält sich mit einer Hand am Schlitten fest, steht leicht auf nur einer Kufe, die Sonne scheint mit der Kraft des arktischen Frühlings, Vidar dreht sich um und lacht, übers ganze Gesicht. Nicht gerade wie ein Kriegsgott, aber doch wie einer, der diesen Moment des Einzugs der Gladiatoren genießt. »Give a big hand for the Media-Team with Barbara, Martin and Vidar«, schallt es übers Megafon. Ich ramme den Anker in den Schnee und schnappe nach Luft. Ein strahlendes Goudagesicht nähert sich mir und sagt: »You worked so hard – but not hard enough.« Ich will nicht antworten, drehe mich weg, gehe über das Eis, meine Tränen stauen sich in der Schneebrille. Ich kehre um und lege mich zu Fiat und Fergusson, die wie verändert sind, sich an mich kuscheln. Welch ein Trost. Vidar kommt heran, haut mir seine Pranke auf die Schulter und gratuliert. Ich presse heraus: »Aber es hat nicht gereicht, nicht wahr? Wir haben es nicht geschafft?« Vidar antwortet milde, das spiele keine Rolle, »denn du hast es geschafft, das ist es doch, was zählt.« So ist Vidar auch.

*

Dinner im Eishotel, mit windgegerbten Gesichtern sitzen alle Teams an weiß gedeckten Tafeln, vor Reihen von Gläsern und Besteck. Vidar schaut ratlos und sagt: »Ich helfe dir über die Berge, aber hier musst du mir helfen.« Martin lässt der Zieleinlauf keine Ruhe. Grinsend kommt er zurück an den Tisch. »Die offiziellen Zeiten: Media-Team – neunzehn Stunden und siebenundfünfzig Minuten, holländisches Team – zwanzig Stunden und zwei Minuten.« Fünf Minuten! Die Holländer waren fünf Minuten langsamer, es hat also doch gereicht! Vidar grinst, er hat es die ganze Zeit gewusst.

Ein Besuch im Museum

Verschollene Liebesbriefe und verbotene Flaggen

Der ältere Herr sprach jeden an. Er suche eine wasserdichte Schatulle mit Liebesbriefen, ob die nicht bei Tauchgängen doch gefunden worden sei? Zwar sei er seit Jahrzehnten mit einer anderen Frau verheiratet, aber diese Schatulle, er hänge halt daran. Der ältere, deutsche Herr war als junger Soldat nach Norwegen gekommen, auf der Tirpitz. Sie war damals das größte Schlachtschiff der Welt, lag versteckt im Kåfjord in der Nähe von Alta, und wurde 1943 durch britische Torpedos schwer beschädigt. Kurz darauf, am 12. November, sank sie weiter nördlich, vor Tromsø, wohin das Schlachtschiff geschleppt worden war. Tausend Besatzungsmitglieder kamen ums Leben.

Sechzig Jahre danach hat in Kåfjord, dem kleinen Dorf am gleichnamigen Fjord, ein Tirpitz-Museum eröffnet. Für deutsche Besucher ist das Museum schwer verdaulich, als ein nordnorwegisches Museum ist es ein Zeichen für Toleranz und Vergebung, denn die Deutschen haben großes Unglück auch über diese Region gebracht. Das Museum stellt zahlreiche Fotos der Tirpitz aus, zudem allerlei Kram von Bord des Schiffes, Modelle desselben und der Scharnhorst, die einen Fjord weiter lag, aber eben auch Uniformen und Hakenkreuzflaggen.

Veteranen beider Seiten kamen zur Eröffnung, ehemalige Soldaten von der Tirpitz wie der Herr, der seine Liebesbriefe sucht, aber auch Besatzungsmitglieder des britischen U-Bootes, das die Tirpitz angeschossen hatte. Alle hätten einander herzlich begrüßt, sie haben sich schon bei anderen Gelegenheiten getroffen, es sei für alle Umstehenden ein bewegender Augenblick gewesen, erzählt der junge Fremdenführer im Museum.

In einer Vitrine hängt außer der Karte des Gebiets – einer »Deutschen Heereskarte. Nicht für die Öffentlichkeit bestimmt. Als Schießkarte nicht geeignet« – ein vergilbter Zettel. Es ist der auf Norwegisch und Deutsch verfasste »Aufruf an die norwegische Bevölkerung im Kåfjord und Umgebung!«. Dieser »Aufruf« ordnete 1944 die Zwangsevakuierung an und brachte großes Leid über Nordnorwegen, über vierzigtausend Menschen wurden in den Süden des Landes deportiert, danach große Teile der Finnmark dem Erdboden gleich gemacht, »um den Bolschewisten keinerlei Unterkunftsmöglichkeiten zu belassen«. In dem Aufruf hieß es: »Am Dienstag, dem 7. November 1944 beginnt im Raum Kaafjord und Umgebung die zwangsweise Evakuierung aller hier ansässigen Norweger.« Wer sich der Zwangsevakuierung widersetze, müsse »verhungern oder erfrieren, da auch alle Lebensmittelvorräte beiseite geschafft werden.« Wer zurückbleibe, laufe Gefahr, von den »bolschewistischen Horden in die Minenfelder getrieben, oder weil sie als deutschfreundlich angesehen werden, oder bei der Deutschen Wehrmacht gearbeitet haben, sofort von ihnen erschossen zu werden.« Jeder durfte lediglich zwanzig Kilogramm Gepäck mitnehmen, »und zwar Bekleidungsstücke, Leib- und Bettwäsche, sowie Lebensmittel. Alle anderen Gegenstände, auch das lebende Vieh, müssen zurückgelassen werden, da hierfür keinerlei Transportmöglichkeiten zur Verfügung stehen.«

Die Deutschen machten ihre Drohung wahr und brannten alles nieder. Die Eroberung durch die Sowjets verlief jedoch friedlicher, als die Nazis angedroht hatten. So begrüßte die Bevölkerung von Sør-Varanger die Russen mit Begeisterung. In Nordnorwegen hatte es eine breite und gut organisierte Partisanen- und Spionageorganisation gegeben, die zum Teil in Alta operierte. Ein anderer wichtiger Stützpunkt war Mavas in Schweden, wohin viele Norweger flüchteten. Von beiden Stationen aus gingen Botschaften und Telegramme nach London, was den Untergang der Tirpitz herbeigeführt haben soll. Viele der Partisanen waren Kommunisten, und sie haben nicht so sehr die Alliierten als natürlich die Russen als Befreier geehrt. Aber da gleich der Kalte Krieg folgte, habe Norwegen keine Kommunisten im eigenen Land haben wollen, referiert der Guide.

Eine andere Vitrine zeigt den täglichen Akt des zivilen Ungehorsams, den manche Norweger pflegten: Sie frankierten ihre Post mit den eigentlich nicht mehr gültigen Briefmarken mit dem Konterfei des Königs. Der lebte im Exil in London. Aber auch Quisling wird in dem Museum nicht ausgelassen, eine Schaufensterpuppe trägt eine Uniform, die Zeitgenossen sofort als nazifreundlich erkennen. Vidkun Quisling, Leiter der faschistischen Partei »Nasjonal Samling« (NS), war Chef der norwegischen Marionettenregierung, sein Name wurde zum Synonym für Kollaborateure.

Die Fjorde um Alta waren zu Kriegszeiten die größte Flottenbasis der Deutschen, bis zu zwanzigtausend Soldaten waren an Bord der Tirpitz und anderer Schiffe stationiert, um die Versorgungslinie der Alliierten nach Russland zu stören. Churchill sprach von dem Schiff nur als »The beast«. Das

Museum ist in einem alten, schiefen Holzhaus untergebracht. Auch dieses ist ein Nachbau, eine Rekonstruktion, es gibt im Gebiet von Alta keine alten, schiefen Holzhäuser, weil die Deutschen alles niedergebrannt hatten. Die Norweger, die heute mit dem kleinen Museum so friedlich an diese kriegerischen Zeiten erinnern, zeigen Größe. Aber sie können nicht verhindern, oder haben es vielleicht auch nicht bedacht, dass ihr Museum Beifall von der falschen Seite bekommen könnte. Schon hat sich im Internet im Gästebuch des Museums ein reger Austausch entwickelt, da schreibt etwa ein gewisser Antonio aus Mailand, er gratuliere zum Erfolg des Museums, das für immer das Gedenken hochhalte an »die fantastische Geschichte dieses Schiffs und an alle Männer, die mutig im Krieg gekämpft haben«. Der Tag der Museumseröffnung sei »einer der schönsten Tage meines ganzen Lebens« gewesen.

Vielleicht wird sogar die Schatulle mit den Liebesbriefen eines Tages wieder auftauchen. Immerhin wurde noch 2003 ein Geldbeutel geborgen, in dem die Papiere noch lesbar waren. Er hatte dem Musiker Hans Grothe gehört. Das Museum konnte kein Foto auftreiben, aber dann half *Der Scheinwerfer* aus, die »Zeitung der Bordgemeinschaft der Tirpitz«. Sie lieferte in Kriegszeiten »Unterhaltung für die Nordlandfahrt«. Stationiert im Kåfjord konnten dort die Deutschen als Fortsetzungsgeschichte Gulbranssens Bauernroman vom »Erbe von Björndal« lesen. Im Archiv der Zeitung fand sich auch ein Foto des jungen Musikers. Es liegt nun in einer Vitrine im Museum.

»Suopunki«-Wettwerfen

Das Marientag-Fest im finnischen Lappland

Karen Anna Hetta Proksi teilt dampfenden Ren-
eintopf aus und redet ohne Unterlass. Eine quirlige,
kleine, dralle Frau, achtundvierzig Jahre alt und in
der Tracht der Samen: kobaltblaues Kleid, mit roten
Bändern und kunterbunten Bordüren. In ihrer *kota*
am Straßenrand gibt es »traditional Lappfood« und
»traditional Sámi handicrafts« wie ein Handzettel
verrät. Lappe oder Same, damit nimmt es Karen
nicht so genau. Viel wichtiger ist ihr, vom Leben ihres Volkes zu erzählen.

Längst wohnt sie nicht mehr im Zelt, sondern
in einem skandinavischen Holzhaus. Das steht an
der Straße zwischen Palojärvi und Enontekiö, nicht
ganz so malerisch, aber komfortabel. Auf die Welt
kam sie in Kautokeino, sie heiratete nach Hetta, aber
in Kautokeino gingen ihre drei Töchter zur Schule.
Norwegen, Finnland, das schien nichts zu bedeuten.
Ihre Heimat heißt Lappland. In Kautokeino konnte
sie sich schon ans Erzählen gewöhnen. Anfang der
siebziger Jahre kamen häufig norwegische Soldaten
zu Besuch. »Meine Mutter kochte, und dann erzählte
sie Legenden und Geschichten von den Lappen. Das
wollten die hören.« Vor drei Wintern fing nun Karen
an zu erzählen. Diesmal den Touristen. »Ich mach's
lieber selber, bevor es andere tun«, kommt sie der
Frage zuvor, ob sie sich denn nicht fühle wie ein zur
Schau gestelltes Kuriosum. Sie zeigt auf den *kom-
sio*, die Holzwiege, die am Rentierrücken befestigt

werden konnte, und erzählt eine Geschichte. Gerade zwei Wochen alt war ihr Mann, als seine Familie mit der Rentierherde weiterziehen musste. Dann singt sie einen *joik*, den melodiösen Singsang der Samen.

Ganz unvorbereitet begegnen wir ihr am Abend wieder, bei der Trachtenschau zum Marientag, dem samischen Feiertag. In der Gemeindehalle nimmt das Dorf Platz, Menschen mit Stupsnasen, hohen Wangenknochen und schräg geschnittenen Augen. Asiaten, Paläoarktiker, Protoalpine, sicher ist sich die Forschung nicht, woher die Samen stammen. Heute leben sie in Schweden, Norwegen, Finnland und Russland. Sie führen ihre Trachten vor, geleitet von zwei rührend aufgeregten Ansagerinnen. Die krächzen unendlich langsam dreisprachig ins Mikrofon: auf Schwedisch, Finnisch und Samisch. Auf dem Laufsteg verschüchtern sich junge Männer und Frauen in Tracht; sie sehen aus, als wären sie viel lieber schon drüben im Hotel Hetta, beim Marientagtanz. Aber dann kommt Karen, sie trägt einen dicken Rentierfellmantel über ihrer Tracht. Und sie wohnt darin ganz gemütlich. »Ich trage fast immer Tracht«, sagte sie.

Im Saal sitzt, was Rang und Namen hat im Samenland, doch wie sich so hoch in den Norden, den protestantischen Norden, ein Feiertag zu Ehren der Muttergottes verirren konnte, das kann keiner erklären. Auch nicht Pekka Aikio, Präsident des finnischen Samenparlaments. Seit dem 17. Jahrhundert wird das Fest gefeiert; an diesem Tag kamen die Nomaden zusammen, es wurde geheiratet und getauft, lange am 25. März, neuerdings an einem Sonntag vor Ostern. Der Marientag, *Heahtá Márjjábeaivvit*, begrüßt den Frühlingswinter, die erste der acht Jahreszeiten der Samen. Der Winter wird ausgetrieben,

Karneval des Nordens. Hatte die Kirche eine Göttin der samischen Naturreligion okkupiert und umgetauft? Pekka Aikio weiß darüber nichts zu sagen.

Wem gehört das Land? Auf diese Frage hört man in Lappland verschiedene Antworten. »Den Göttern?«, antwortet Karen ungewohnt zaghaft. Und singt lieber noch einen *joik*. Neunzig Prozent ist Staatseigentum. Aber »der finnische Staat regiert heute den größten Teil des Heimatgebiets der Samen, ohne dass eine gesetzliche Grundlage dafür bekannt ist«, steht in einem Hochglanzprospekt über *duodi*, samisches Kunsthandwerk. Während der »Kolonialisierung« durch die Skandinavier sei mit den Samen verfahren worden wie mit »ursprünglichen Völkern« in der ganzen Welt. »Ihre Rechte wurden ›vergessen‹«, vor allem, als Bodenschätze gefunden wurden.

Tanz am Vorabend des Marientags. Später Abend. Das Salatbüffett ist abgeräumt, kein Schneehuhn wird mehr serviert und auch kein geräucherter Lachs. Nur noch Bier. Ein Bergsame in der Tracht von Kautokeino, der schon nachmittags im Café Jussantupa unter braunen Kugellampen vor orangeroten Vorhängen über sein *karjala*, sein siebenprozentiges Bier, hinwegsinniert hatte, der Bergsame hält sich immer noch tapfer. Er hält sich auch fest, am Tresen. Von hinten sieht man auf den Barhockern nur bunte Rockschöße wallen. Mann oder Frau, Eingeweihte erkennen es an der Kragenform oder an der Mütze. Es tanzen nur die Älteren, Rumba, Tango, Foxtrott. Plötzlich stieben sie auseinander. Ziemlicher Lärm kommt aus den Lautsprechern, wildes Trommeln. Ist ein *noaide* zurückgekehrt, ein Schamane, der sich in Trance trommeln konnte? Ein kleiner, dunkelhaariger Irrwisch betritt die Bühne, schwenkt eine große

Trommel, bummert auf sie ein. Jetzt stehen sie auf, die am Tresen, jetzt stürmen sie auf die Tanzfläche. Die dunkelhaarige Kleine mit den schmalen Augen bildet mit einem langhaarigen, großen Blonden mit Gitarre das *Shamaani*-Duo. Und sie singt und jammert, *joikt* und trommelt, dass die Lautsprecher scheppern. Zauberei, das geht ohne Umwege vom Trommelfell ins Zwerchfell, vibriert dort.

Marientag. Gottesdienst auf Sami. Das wird erst seit 1994 praktiziert. »Für die Samen ist das ein wichtiger Schritt«, behauptet Pekka. Die Kirche ist aber auch nur so voll wie Landkirchen anderswo an Feiertagen mit vorausgehendem Festabend. Draußen bauen sie derweil die Verkaufsstände des »Samenmarktes« auf. Da gibt's Wollmützen und Jeans, billiges Kinderspielzeug und Bratwürste, Sachen für Samen und von anderswo. Nur hier und da fein gearbeitete Messer, Holzschalen, Puppen in Samentracht und winzige hohle Renhörner. »Mannhaft« mache das Pulver aus dem Horn, verspricht mehrsprachig ein Zettelchen. »Der Mann kann des Erfolgs sicher sein«, wenn er sich das Pulver unter die Zunge lege. Vorsicht sei dabei aber geboten: »Der übermäßige Gebrauch kann den Nacken steif machen.«

Erst allmählich, gegen Mittag, belebt sich der Ort, einige Menschen strömen hinunter zum zugefrorenen See, zu den Finalwettkämpfen. Als Attraktionen gepriesen, doch gibt es fast mehr Teilnehmer als Zuschauer beim Rentierrennen. Über Lautsprecher klingen, auf Finnisch und in Sami, die Namen der Tiere und der Fahrer. Dann ziehen und zerren wieder fünf Männer ein Rentier herbei, das sich weigert, sich vor den Schlitten spannen zu lassen. Ist's angespannt, ist's auch schon kaum mehr zu halten. Durchbricht die Lichtschranke und stürmt hinaus.

Leider nicht immer in der Bahn, sondern in die finnische Landschaft. Dann rennen wieder alle los und bergen Fahrer und Tier.

Die Sonne steht schon schräg, der Wind hat den Schnee geriffelt und gibt dem Licht Gelegenheit, Schatten zu werfen. Drumherum eine ruhige Welt. »Fischreiche Wässer! Schönbaumige Wälder!«, rief Bertolt Brecht zur »Finnischen Landschaft«. Hier gilt die Aufmerksamkeit Anderem. »Suopunki«-Werfen ist eine weitere Disziplin. *Suopunki* heißt das Lasso der nordischen Hirten. Das Nylonseil fliegt in großen Schlaufen durch die Luft, um rote Stangen herum, stellvertretend für Rentiergeweihe. Nicht zum Sport, sondern immer noch für den täglichen Gebrauch, wird so im Winter das zum Schlachten bestimmten Ren aus der Herde herausgeholt. Die Rentierscheide verteidigten die Samen lange gegen moderne Anfechtungen. Doch die Europäische Union wollte das Schlachten der Tiere im Freien nicht dulden, verlangte Schlachthäuser und Kühlhäuser. Und so karren die finnischen Samen heute die Tiere, deren Fleisch für den Export bestimmt ist, in Häuser, in denen es manchmal wärmer ist als draußen, in der Natur.

Das letzte *suopunki* ist geworfen, die Rennstrecke abgebaut. Unzählige Pokale werden verteilt, da muss keiner traurig sein. Es wird eine dieser Nächte des Nordens, in denen man stumm den Himmel bestaunt, während die Nase in der bitterkalten Luft taub wird und die Zehen zappeln und versuchen, nicht innen an der Schuhsohle festzufrieren. Zuerst zeichnen sich die Fichten kahl gegen den blasser werdenden Himmel ab. Das sieht traurig aus, wie Waldsterben. Dabei machen sich die Bäume nur schmal, um vom Schnee nicht erdrückt zu werden.

Landschaft in Schwarzweiß. Dann leert die Sonne doch noch einen Eimer Rosa über den Himmel, wandelt das Panorama zum handkolorierten Stich. Finstere Nacht kann es nicht werden, der Schnee leuchtet vom Schein der Sterne und des Halbmonds. Man sieht sogar Sternschnuppen, und als ob das nicht der Himmelsspektakel genug wäre, beginnt die »Morgenröte des Nordens« zu glimmen. Aurora borealis, Polarlicht, Nordlicht, viele Namen und die Erklärungen von Magnetfeldern und Sonnenwinden sagen nichts. Die Gardine mit der Silberkante weht am Himmelszelt, in grünlichen Schwingen, weißen Strahlen. Da kann einem schon poetisch zumute werden und sonderbar.

Um wie viel mehr den Menschen, die noch nicht die Physik zu Rate ziehen konnten. Von »Flammen am Firmament« sprach der römische Schreiber Seneca, die Reflexion der Sonne unterhalb des Horizonts glaubte man im Mittelalter darin erkannt zu haben, und in seinen Legenden aus Lappland beschreibt Robert Crottet die Vorstellung der Samen: »Wenn die Schatten des Winters auf der Erde liegen, kommen die Seelen der Toten hervor und zeigen sich den Lebenden, damit diese Geduld und Mut genug haben, auf die Rückkehr des Frühlings und der Sonne zu warten.«

»Seit einigen Jahren habe wir schon kein schönes Nordlicht mehr gesehen«, sagt Karen in ihrer schummrigen *kota*. »Wir glauben, dass es an der Luftverschmutzung liegt.« Sie zupft an den bunten Bordüren ihrer Tracht, »hier haben unsere Vorfahren die Farben des Nordlichts hineingewebt, bleibt uns nur der Stoff?«

Dem Himmel näher

Im Nordlichtobservatorium stand sogar ein Klavier

Professor Birkeland war elektrisiert von der Idee: Er wollte ein Nordlichtobservatorium bauen! Der 1867 geborene Physiker hatte sich eine Theorie – und einen Versuchsapparat – zum Nordlicht zusammengebastelt. In einer Vakuumkammer ließ er Kathodenstrahlen auf eine magnetisierte Kugel prallen, ähnlich dem Nordlicht waberten Streifen um diese Kugel. Aber nun wollte er das Nordlicht an Ort und Stelle erforschen, und nicht mehr in den Labors von Kristiana, wie Oslo damals hieß. Beim Parlament reichte er 1897 ein Gesuch um Mittel dafür ein und nutzte den Geist der Zeit. Norwegen drängte zur Unabhängigkeit von Schweden, bei der Forschung war man schon weiter als in der Politik: Fridtjof Nansen hatte Grönland durchquert, er war von der Fram-Drift zurückgekehrt (und hatte nebenbei das Nordlicht gezeichnet). Kristian Birkeland ließ das Parlament wissen, dass Schweden und Dänemark ebenfalls Pläne zur Erforschung des Nordlichts hegten. Er bekam sein Geld.

Das Observatorium sollte in einer niederschlagsarmen Region gebaut werden, die möglichst wolkenlose Polarnächte bietet. Alta in der Finnmark ist so ein Gebiet. Im Ortsteil Bossekopp entstand auch das erste Foto des Nordlichts: Martin Brendel, ein deutscher Ingenieur, hatte 1892 mit sieben Sekunden Belichtungszeit die Aurora borealis festgehalten. Birkeland wollte herausfinden, in welcher Höhe das Nordlicht über den Himmel streicht und deshalb diesem so nahe wie möglich sein. Sein Nordlichtobservatorium wurde auf Haldetoppen gebaut, einem Berg am Altafjord, neunhundertvier Meter hoch.

Der Wanderweg zur Ruine des Observatoriums beginnt in Kåfjord, einem heute winzigen Dorf, das im 19. Jahrhundert dank einer Kupfermine groß und reich war. In einem grasigen Geviert stehen kleine Pferde in der Sonne. Über den letzten Häusern oberhalb des Fjords steigt der Birkenwald steil an. In einer kahlgefressenen Umzäunung suhlen sich schwarze Schweine in der Erde und im Birkenwald liegen Schafe, in Grüppchen zusammengekuschelt. Ab dreihundert Metern werden Bäume rar. Rentiere erscheinen am gegenüberliegenden Bergkamm, aufgereiht wie kriegerische Rothäute, ihre Geweihe reckend. Plötzlich, nach einer Kurve, steht der Wanderer inmitten einer Herde, hundert Rentiere schauen dich an. Mit einem dunklen, rauchigen Schnarchen rufen sie ihre Jungen, ein Trampeln der Hufe auf dem weichen Mossboden ertönt, sie fliehen.

Der Weg bleibt ein breiter Schotterpfad. Bevor sich die Hochebene noch einmal aufbäumt, bietet ein Bach die letzte Gelegenheit, sich mit Wasser zu versorgen. Im Sommer, wenn der letzte Schneerest abgeschmolzen ist, liegt der Halddegipfel im Trockenen. Zwei Liter, ob das reicht für einen Abend und einen Morgen?

Halddetoppen ist ein rechter Schotterberg, buntes Gestein rutscht bei jedem Schritt davon, dazwischen liegen reinweiße Splitter mit glatter brauner Porzellanaußenhaut, es sind geborstene Isolatoren, die Reste der ehemaligen Stromversorgung des Observatoriums.

Nebel verhüllt alle Aussicht. Aber Nordlicht ist ohnehin frühestens ab Oktober zu sehen, bis weit in den Herbst hinein wird es nicht einmal dunkel. Unvermittelt schält sich die Silhouette des massigen Steinhauses heraus.

Der Schlüssel, den das Alta-Museum verleiht, passt nicht. Jetzt steht der Wanderer dumm da. Im dichten Nebel ist jedoch ein weiteres Haus zu erkennen, auf dem Gipfel, und nur über eine rutschige Holzstiege zu erreichen: das eigentliche Observatorium. Der Schlüssel passt.

Im Winter 1899 zog Birkeland hier herauf, für erste Untersuchungen, ab 1912 wurde das Observatorium permanent betrieben, mit dem Leiter Olaf Devik. Es sei Norwegens rauester Arbeitsplatz, schrieb er. Das Haupthaus wurde 1913 ausgebaut, es gab vier Wohnungen, bis zu fünfzehn Menschen wohnten heroben – und drei Kinder kamen hier zur Welt. Ab 1915 produzierte ein Aggregat Strom, das Observatorium war somit das erste Haus in Alta mit elektrischem Licht. Ab 1917 wurde Strom aus Kåfjord heraufgeleitet, die maroden Reste der Masten säumen den Wanderweg. Sie hatten sogar ein Klavier.

Das eigentliche Observatorium, ein quadratischer gemauerter Turm aus Felsbrocken, ist nur über eine rutschige Holzstiege zu erreichen. Über eine schwere Falltür gelangt man zum Ausguck, drei entsetzlich knarzende Türen führen in den Schlafraum. Es gibt moderne Kiefernholzmöbel, ein paar Schlafplätze und einen gusseisernen Ofen, einen herrlichen *jøtul*. Säcke von Birkenscheiten stehen herum, gleich wird es schön warm. Sogar in der einsamen Finnmark ist dies ein besonders abgeschiedener Platz. Wird heute noch jemand den Weg herauf finden? Es ist absolut ruhig. Die ganze Nacht. Sodass man aufschreckt, weil Mäuse im Gebälk trippeln. Wenn es denn Mäuse waren.

Das Schild am renovierten Observatorium verkündet die Daten nüchtern. Das Nordlysobservatorium liegt auf 904 m. o. H., war bis 1927 in Betrieb und: »Brent av Tyskerne 1944« – die Deutschen brannten beim Rückzug aus der Finnmark sogar das aus Felsen erbaute Haus auf Haldetoppen nieder.

Birkelands Engagement für das Nordlichtobservatorium schwand, vor allem als klar wurde, dass die Aurora borealis durchschnittlich in einer Höhe von hundertzehn Kilometern über der Erde ihr Leuchten entfaltet. Der knappe Kilometer, den man ihr auf Halddetoppen näher war, spielte nicht wirklich eine Rolle. Dem berühmten Forscher zur Ehre ziert sein Konterfei heute den Zweihundertkronen-Schein, der Hintergrund zeigt ein stilisiertes Nordlicht.

Landschaft für Minimalisten

In Västerbotten finden Individualisten Heimat für sich und ihre Ideen

Zwischen Ekorrsele und Hällnäs steht ein Aussichtsturm aus Metall. Mitten in Lappland. Die Aussicht ist entsprechend. Viel Wald und viele Hügel soweit das Auge reicht. Eine Landschaft für Minimalisten. Der Reiz liegt in der Wiederholung, eine weiße, grün bewaldete gewellte Unendlichkeit. »Love it or leave it«, erklären die Schweden ihren Besuchern. Lieben oder lassen. Viele lassen es, wollen weg aus dem Wald und den kleinen Orten mit der begrenzten Arbeitsmöglichkeit. Und so stehen viele rote Holzhäuser leer. Andere aber lieben es und kommen genau hierher: In die Wälder Västerbottens, zwischen den Bergen an der norwegischen Grenze und der Küste des Bottnischen Meerbusens.

Maja
Manchmal sieht Maja aus wie ein Mädchen von höchstens zwölf Jahren. Wenn sie still Holz ins Feuer schichtet, zuhört, was die anderen reden. Von der Hundeschlittenfahrt sind ihre Wangen gerötet, sie hat ein zartes Gesicht, und ihre Augen blicken groß. Schon wegen der kleinen, dicken Brille. Die hellbraunen Haare hat sie zu einem unordentlichen Knoten gewurstelt. Die Gäste in der Blockhütte tragen Polarfleecejacken und Hightech-Outdoor-Equipment. Maja hat einen dicken Strickpulli an und eine seltsame braune Mütze, die sie mal um den Hals trägt

und mal auf dem Kopf. Maja ist neunundzwanzig Jahre alt, Biologin und schreibt an ihrer Dissertation über Flechten in Lappland. Das passt noch ins Bild, so in sich gekehrt und scheu kann man sich eine Biologin ausdenken. Aber Maja ist ganz anders. Sie hat einen heftigen Willen, starke Hände, und sie hat viel Energie darauf verwendet, ihr Leben dorthin zu bringen, wo es jetzt ist. In einem Holzhaus im Wald in Lappland, in dem sie mit ihrem Freund und ihrer zweijährigen Tochter wohnt, mit einem Schuppen daneben, in dem Ziegen stehen, mit einem riesigen Zwinger mit sieben Schlittenhunden und mit einem Job als Biologin, der mehr draußen als drinnen stattfindet.

Maja ist halb Polin und halb Deutsche, aufgewachsen in Deutschland, in Polen und in den USA. »Ich habe mich überall fremd gefühlt«, sagt die junge Frau. »Hier bin ich zum ersten Mal zu Hause.« Die Menschen lassen einen machen. Sagt Maja. »In Schweden gibt es noch Platz für Individualisten.« Maja redet mit kratziger Stimme, fließend Deutsch mit herbem polnischen Akzent, mit tonloser Stimme. Man könnte sie für emotionslos halten, doch nur, wenn man nicht zuhört. Denn mit heftigen Gefühlen muss es zu tun gehabt haben, als sie begann, ihr Leben von der deutschen Großstadt aufs Land zu verlagern. »In Deutschland gibt es nur diese Konsumwelt. Dagegen kann man sich so schwer wehren. Und der Widerstand kostet so viel Energie, dass keine Kraft mehr bleibt, Eigenes zu entwickeln.« Das Eigene. Für Maja bedeutet das, so weit wie möglich als Selbstversorger zu leben. Wenn sie anfängt davon zu erzählen, wie die Schweden früher überlebten, wird sie lebhaft. »Jeder konnte alles, und jeder hatte, was er zum Leben brauchte. Wir würden doch heute keine drei Tage im Winter überstehen.« Maja lernt. Milch haben sie von den Ziegen; Kartoffeln und Gemüse ringen sie den kurzen Sommern ab. »Na, im Süden wäre es wohl leichter.« Und wenn sie nicht auch noch Vegetarier wären.

Die Sommer sind so kurz, dass nur das Wichtigste erledigt werden kann. Umgerechnet fünfzehntausend Euro haben Maja und Peter vor ein paar Jahren für Haus und Scheune und Grundstück und Wald bezahlt. Im ersten Sommer haben sie vom Brunnen fließendes Wasser ins Haus gelegt und einen Zwinger für die Hunde gebaut. Maja hat Huskies, die sind nicht gefährlich. »Aber wenn sie sich einer Rentierherde nähern, dürfen die Samen sie erschießen. Deshalb der Zwinger.« Im zweiten Sommer musste die Scheune für die Ziegen umgebaut werden. Hinter dem Ziegenstall steht das Toilettenhäuschen. Ein weiter Weg bei zwanzig Grad minus. »Naja, vielleicht schaffen wir das in diesem Sommer«, schmunzelt Maja. Es ist aber auch möglich, dass die Ziegen oder die Zucchini wieder Vorrang haben werden in den vier Monaten und der Wind schon wieder viel zu früh die gelben Blätter der Birken gegen die Fenster weht.

Wenn Maja nicht gerade für ein Zweihundert-Kilometer-Hundeschlittenrennen trainiert, mit dem *spark* einkaufen fährt, der schwedischen Mischung zwischen winterlichem Schieberoller und Einmann-Hundeschlitten, wenn sie nicht in der Forschungsstation im Wald Flechten untersucht oder Kleinbauern berät, wie sie Holzwirtschaft betreiben können, ohne ihren Wald zu ruinieren, wenn sie ihre Tochter gerade nicht von der Tagesmutter holt oder dorthin bringt, dann bleibt ihr immer noch die Arbeit im Büro der Kommune von Vindeln. Dann hockt sie in ihrem Strickpullover vor dem Computer und tüftelt an einem Konzept für sanften Tourismus in Västerbotten. Das dreijährige Projekt soll Privatunternehmen von Konkurrenzgedanken abbringen und zur Zusammenarbeit anregen. »Man kann hier so viel machen, Hundeschlitten oder Schneescooter fahren, Skitouren, Reiten, und im Sommer Rafting, Trekking und Fischen.« Weil diese Kleinfirmen Arbeitsplätze schaffen und so nicht noch mehr junge Leute aus der strukturschwachen Region abwandern, deshalb gibt es dafür Geld von der EU.

Mit Scootern kann Maja selbst nicht viel anfangen. »Die sind zu laut und stinken.« Aber mit ihrem Hundegespann ist sie jeden Tag unterwegs. Bei ihr sieht das aus, als wäre es ein Leichtes, wie alles eben, was Maja anpackt.

Folker Renfjäll und Saandra
Folker Renfjäll, also »Folker Rentierberg«, fährt mit dem Motorschlitten durch den Wald. Auf dem Anhänger karrt der Mann mit den hohen Wangenknochen und dem roten Mützchen braune Körnchen heran, Trockenfutter für seine Rentiere. Für den Teil seiner Herde, der abgezäunt im Wald dem Schlachten entgegenäst. Es gäbe genug zu fressen, auch im Winter. Die Rentiere scharren den Schnee mit den Hufen beiseite, darunter finden sie immer noch Flechten. Aber Folker, der fünfundfünfzigjährige Same, will nicht, dass seine Tiere das fressen. »Tschernobyl«, sagt Folker, bis heute wirke sich das aus. Tausendfünfhundert Becquerel darf ein Tier haben, »Null Becquerel sind mir am liebsten.« Flechten wachsen extrem langsam, deshalb sind sie noch immer stark radioaktiv. Darum also Trockenfutter.

Das Leben von Folkers Vorfahren war mühselig.

Sie lebten in Zelten, auch im Winter. Wer alt und schwach war und eine Last, ging zu den Etterstup: kliffartige Felsen, die auch Eiszeitgletscher nicht hatten abschleifen können. Von dort stürzten sie sich in den Tod. Zu Fuß, höchstens manchmal zu Pferde, legten die Samen in dieser Region jedes Frühjahr und jeden Herbst vierhundert Kilometer zurück. Hinauf auf die Weiden im Gebirge, dann wieder hinunter in den Wald. Folker hat für denselben Weg ein Auto und seinen Motorschlitten. Er lebt in kleinen Holzhäusern, wie die Schweden. So hart seine Vorfahren auch geschuftet haben, ihre Lebensgrundlage mit dem Geigerzähler vermessen zu müssen, das blieb ihnen erspart. Und andere moderne Unbill: Tausendfünfhundert Kronen bekommt der Besitzer, wenn ein Rentier von einem Auto überfahren wird. Einen Samen zu fragen, wie viele Tiere er hat, käme also der Frage nach seinem Kontostand gleich. So etwas tut man nicht.

Wem das Rentier gehört, sehen die Samen an den Ohren: Jeder Besitzer hat seinen eigenen Schnitt. Manchmal hat so ein angefahrenes Tier aber gar keine Ohren mehr, wenn man es findet. Dann gibt's auch kein Geld. Das Verhältnis zwischen Schweden und Samen sei heute viel besser, sagen die Leute in Västerbotten; es gibt samische Sprachkurse, Kultursendungen im Radio und Bücher auf Sami. Aber richtig gut wird es wohl nie sein. Nomaden und Bauern können sich nicht vertragen. Der englische Reiseschriftsteller Bruce Chatwin, der sein ganzes Leben vergeblich versuchte, sein Buch über die »Anatomie der Ruhelosigkeit«, über die »nomadische Alternative« zu schreiben, sieht den Grundkonflikt bei Kain und Abel. »Adams Söhne erbten beide einen gleichwertigen Teil der Welt: Kain erhielt das

Anrecht auf alles Land und Abel auf alle lebenden Wesen – worauf Kain seinem Bruder Abel ›unbefugtes Betreten‹ zur Last legte.« Der Mord sei die Frucht angestauter Bitterkeit, von Neid und Sehnsucht: »Der Sehnsucht des Gefangenen nach der Freiheit weiter Räume.« Immerhin werden in Lappland nur Ohren abgeschnitten, Rentierohren.

Mit seiner Frau spricht Folker noch Sami, »aber unsere Söhne verstehen das nicht mehr.« Maarja-Saandra Strauka spricht Sami, sie hat einen Sprachkurs besucht. Sandra Dahlberg, wie sie auf Schwedisch heißt, ist blond, hübsch, achtzehn Jahre alt und kokett. Sie *joikt.* »Viermal die Woche« habe sie Auftritte, dann steht sie in Samentracht – »selbst genäht« – vor Publikum und singt *joiks*, die alten, melodiösen Sami-Lieder. Die hat sie von ihrer Großmutter gelernt. »Die lebte noch richtig draußen.« Sandra geht in Lycksele ins Internat. Rocksongs, die *Joik*-Elemente aufnehmen, hasst sie. »Aber in meiner Jazzband singe ich *joiks*. Jazz und *joik*, das passt gut zusammen.« Nur ihren eigenen *joik*, den ihre Großmutter bei ihrer Geburt sang, den singt sie nie. »Das tut man nicht«, erklärt sie, »weil mein *joik* von meinen guten Eigenschaften und von meiner Schönheit erzählt.« Dafür fällt ihr *Joik*-Abend ziemlich altklug und kess aus. Sie hebt den Rock, zeigt auf das grüne Band. »Unverheiratet«, sagt sie. Haben sie zu Hause noch Rentiere? Nein, erklärt sie. Wer zehn Jahre lang das Recht nicht nutzt, sein Zeichen ins Rentierohr zu schneiden, also Rentiere zu züchten, verliere dieses Recht. In ihrer Familie ist das schon lange vorbei, und so vermutlich auf immer verloren. Neue Rechte werden nicht mehr vergeben. Auch in Lappland wird der Platz eng. »Aber drei Rentiere haben wir noch. Im Gefrierschrank«, sagt spaßig Maarja-Saandra Strauka.

Rune Sundberg

Der alte Mann rollt das Nudelholz schwungvoll über den Teiglappen. Die zentimetergroßen Noppen riffeln charakteristische Muster in das Brot. Mit mehlbestäubter Schürze steht Rune in seinem Schuppen. Auf dem Kopf trägt der Graubärtige keck einen spitzen Filzhut, den hat er in traditioneller Art selber gewirkt, mit Wolle von den Schafen des Nachbarn. Kein Knäckebrot, sondern weiche Fladen holt Rune Sundberg aus dem Backofen. Den hat er selber gebaut und Fälla-Hälla getauft. Auf kopierten Handzetteln wirbt er für seine Backofenfabrik; dreißig solcher nach uraltem Vorbild gebauten Öfen hat er schon ausgeliefert. Dabei ist Rune eigentlich Tischler. Doch Berufsbezeichnungen taugen nur für Städter. In so einem einsam gelegenen kleinen Ort in Nordschweden war jeder alles, musste es eben sein. Im 17. Jahrhundert rodeten Sundbergs Vorfahren eine Lichtung in den Kiefernwald. Die Krone wollte den Norden besiedeln, wer hierher kam, lebte einige Jahre steuerfrei und musste keinen Militärdienst leisten.

Bis heute ist die Siedlung nur eine Ansammlung von Höfen, Holzhäuser gestrichen mit Falunrot, dem Abfallprodukt der Kupfergrube im südschwedischen Falun. Früher war das Rot ein Trompe-l'œil, sollte Backsteinwände vortäuschen. Als Nebeneffekt stellte sich heraus, dass das Eisenvitriol ein gutes Holzschutzmittel ist. Rune hat sieben Geschwister, alle leben in diesen verstreuten Höfen bei Hällnäs. Sein Bruder Ole, auch er Tischler, arbeitete bis vor ein paar Jahren in Tegsnäs, in der gleichnamigen Holzskifabrik. Die Lappenskier mit hochgezogener Spitze sind mittlerweile wieder populär, dafür braucht man keine Loipen, auch in weichem Tief-

schnee sinkt man nicht ein. Ein ideales Fortbewegungsmittel für den lappländischen Winter. Und so
lief Ole das halbe Jahr auf seinen Skiern zur Arbeit.
Zwanzig Kilometer hin, zwanzig Kilometer zurück.
Oder auf Schwedisch gezählt: je zwei Meilen. Als
hätte man hier die Längenmaße den weiten Wegen
angepasst.

Rune schreibt Gedichte. Mit krakeliger Kugel-
schreiberschrift auf die Rückseite seiner Handzettel. Wenn Besuch kommt, liest er vor. Gäste sitzen
in der Küche, zugleich Wohnstube und Werkstatt.
Unter der Zimmerdecke trocknen Holzlatten, überall liegen Sachen. Rune trägt Brot und Käse auf und
dann sein Gedicht vor. Er beschreibt Västerbotten,
seine Heimat von den »Bergen im Westen bis zu den
Wellen des Meeres« und er sinniert darüber, was
seine Vorfahren hier wohl wollten. »Überleben und
das Erbe weitergeben an die nächste Generation«,
nur daran sei zu denken gewesen. Die Zeiten sind
anders geworden. Junge Leute ziehen in die Stadt,
vor allem die Frauen. Ein paar Generationen hatten
versucht, in den kurzen lappländischen Sommern
Gerste und Futter anzupflanzen. Haben den Wald
gefällt, Steine mit den Händen herausgetragen. Nun
holt sich die Natur das Land zurück. Die Lichtungen
wachsen zu, zuerst mit Birken, dann mit Kiefern. Die
alten Leute von Västerbotten haben Tränen in den
Augen, wenn sie das sehen.

Wollte Rune nie weg von hier? »Es gab einmal
einen Aufnäher ›Ich bleibe‹«, erzählt er. Den hat er
sich auf die Jacke genäht. Und als junger Mann, hat
er nie davon geträumt in eine wärmere Region zu
ziehen? »Ich wollte um die Welt segeln«, sagt Rune
und schaut ein bisschen verträumt. »Das legt sich
dann«, sagt er noch und macht eine weite Armbewe-

gung über die Höfe, den Horizont und den Himmel.
»Die Sonne scheint auch hier.«

Katarina und Ulf

Katarina ist eine schöne wilde Frau. »Ich bin eine
Hexe«, sagt sie manchmal. Sie ist dreißig Jahre alt,
hat lange, braune Locken, in der Sonne blinken in ihren grünen Augen bernsteinfarbene Flocken. Wenn
sie reitet, trägt sie eine braune Lederhose, die an den
Seitennähten von oben bis unten mit Lederbändern
geschnürt ist, darüber einen dicken dunkelgrünen
Parka und um den Kopf ein Stirnband mit genau
den Farbreflexen ihrer Augen. Sie kommt aus Umeå,
Schwedens nördlichster Universitätsstadt an der
Küste; dort hat sie im Büro einer Lederwarenfab-
rik gearbeitet. »Jeden Morgen schminken, die Haare
sortieren, und um in den Wald zu können, musste
man fahren.« Das war nichts für Katarina. Nun hat
sie ein Haus im Wald und vierzehn Nordschweden-
pferde, mit denen sie Ausritte für Touristen veranstaltet.

Als sie vor fünf Jahren ins Hinterland kam, hatte
sie kein Geld, nur Erfahrung als Reitsportlerin. »Ich
bin auf die Bank und habe erzählt, was ich vorhabe,
und sie haben mir das Geld gegeben.« Leicht sei es
dennoch nicht gewesen. »Die Leute mögen es nicht,
wenn jemand aus der Stadt kommt und eine gute
Idee hat.« Nebenher arbeitete sie als Altenpflegerin,
»die beste Möglichkeit, alles Wichtige zu erfahren.«
So lernte sie nicht nur, welcher Hof mit welcher Sa-
mifamilie zerstritten ist, sondern auch viel über das
Leben aus der Natur. Im Sommer kocht sie Sham-
poo aus Seife und Kräutern, ihre Naturkosmetik aus
Eigenproduktion. Und sie kennt sich aus mit der
Teerproduktion, einst das schwarze Gold der Nord-

schweden. Kiefernholz wird langsam verkokelt, aus Harz wird Teer, Dichtungsmasse für Schiffsflotten und Hausdächer. Das Wasser, das die Teerproduktion ausschwitzt, preist Katarina als Allheilmittel. Gegen Mücken im Sommer und als Linderung bei Frostbeulen, zum Einreiben, Inhalieren und Trinken. Für und gegen jedes Zipperlein.

Ulf ist aus dem Norden nach Västerbotten gezogen. »Der Fluss meiner Kindheit wurde reguliert. Das ist für mich kein Fluss mehr, er ist gestorben.« Deshalb kam er hierher, an den Vindelälven. Ulf ist Sozialarbeiter, er betreut Drogensüchtige und Alkoholkranke, die aus ganz Schweden in den einsamen Norden kommen. Und er hat, wie seine Freundin Katarina, ein kleines Unternehmen, veranstaltet Hundeschlittenfahrten und Raftingtouren. Sucht man ihn, geht man am besten an den Fluss.

Breit wälzt sich der Vindelälven durch die sanft hügelige Landschaft, meterdick zugefroren ist er im Winter die Hauptverkehrsstraße. Hundeschlittengespanne, Skiläufer und immer mehr Schneescooter nutzen die ebene Bahn. Doch an den Stromschnellen friert er nie zu, Eisschollen türmen sich am Ufer und sehen aus wie betoniert. Dazwischen ist die Eisschicht oft nur zentimeterdünn. Ulf kennt jede Biegung des Flusses, traut ihm aber nie. »Vor dem Rafting gehen wir die Strecke immer entlang, man kann nie wissen, wo sich Walzen aufbauen, wo Strudel sind oder Hochwasser.« Der Fluss ist gefährlich – und gefährdet. Alle Jahre wieder kommen Pläne auf, die Macht seiner Wasser zur Energiegewinnung zu nutzen. Gerade seine Stromschnellen machen ihn dafür interessant. »Wir kämpfen für den Fluss«, sagen Ulf und Katarina.

Spätnachmittag am Vindelälven. Die tiefe Sonne scheint nur noch auf die Bäume am Hochufer. Manche sind geknickt, die Stümpfe ragen auf wie Palisaden. »Biber«, sagt Ulf. Unweit vom Fluss, bei ihrem »Saloon«, räumt Katarina Blechgeschirr und Bratpfannen zusammen, mit denen Gäste bekocht wurden. Sie wird auf ihrem Pferd nach Hause reiten, wenn sie Lust dazu hat. Maja kommt vom Einkaufen zurück. Sie hat Astor, ihren Leithund, vor den *spark* gespannt, auf dem eine Tasche mit Gemüse liegt. Maja träumt vom kurzen, heftigen Sommer in Lappland. Die Sonne scheint nur schwach, doch dafür beinahe Tag und Nacht. Dann wird Maja wieder Zucchini und Tomaten ziehen. Jetzt liegt Nebel über dem Flussbett, Ulf packt Angelschnur und Eisbohrer ein. Eislochfischen wollte er, angebissen hat nichts. Ulf stört es nicht. Vom Hochufer schaut er noch einmal hinunter, sein Blick durchdringt den Nebel, die Schneedecke, das Eis. Er sieht das Wasser unterm Eis. Sieht es rauschen, gluckern, schäumen. Sieht den Fluss wild. Er dreht den Kopf weg und sagt. »Der Vindelälven ist mein Leben.« Er bückt sich, schnallt seine Lappenskier an und zieht davon. In das Haus im Wald. Nach Hause.

Keine »Hurtigrute«

Eine langsame Busfahrt nach Norden

Das norwegische Eisenbahnnetz reicht nur bis Narvik, nördlich davon fährt, wer nicht mit dem eigenen Auto unterwegs ist, mit dem Bus. Norwegens Fjorde sind schön, ziehen eine Busfahrt aber recht in die Länge. Am Wasser entlang hinein ins Land, auf der anderen Seite wieder heraus, so windet sich die E6 gemütlich Richtung Norden. Wer als Reisender unterwegs ist, genießt die Fahrt, die geschenkte Zeit, die Muße, Landschaft und Mitreisende zu betrachten. Wie in einem altmodischen Diavortrag ohne Überblendtechnik ziehen Wasser, Wiesen und Berge vorbei. Immer wieder zeigt sich ein neues Bild. Links Wasser, bleigrau, mit roten Bootshäusern auf vom Eiszeitgletscher abgeschliffenen Felsen, bunte Boote schaukeln leise. An der Abzweigung nach Hamarøy reicht der Blick weit aufs Meer. Dahinter warten wieder Inseln mit hohen Bergen und Schnee, hier aber ist alles grün, ein Campingplatz bietet Hütten direkt am Wasser, man möchte sofort aussteigen. Bei Ebbe sehen die Felsen grau und geriffelt aus, wie ein gestrandeter Wal.

Alle paar Stunden hält der Bus für eine Weile an. Ein klassischer Bus-Stopp ist das »Kafé E6«. Fünf Teenies drängen als Erste aus dem Bus, sie müssen jetzt dringend eine rauchen und das auch zeigen. Danach essen sie Eis und Schokolade, eingekauft in der *butik*. Ein Mädchen aus dem Dorf springt herbei, offensichtlich waren sie verabredet, Umarmungen und Küsse wollen gar nicht mehr aufhören. Alle Freundinnen sind so gerade in die Pubertät gerollt. Sie sind etwas rundlich, grell überschminkt, im kalten Wind zeigen sie viel Bauch und Dekolleté, alles an ihnen ist übertrieben, sie wissen nicht wohin mit sich und ihren neuen Gefühlen, also tragen sie zur Vorsicht mal dick auf, mit Lachen, Lidschatten und Lässigkeit.

Aber es ist ja nicht so, dass diese Dinge mit den Jahren nachlassen. Ein Allradauto kurvt heran, allzu schnittig parkt es vor der *butik*. Hardrock tönt laut aus dem Fenster, ein Easy-Rider-Typ steigt aus, die Musik läuft weiter, harte Töne schallen durchs Abendrot, als wolle er damit sagen: Klar Mann, schön hier, aber Idylle ist was für Spießer. Der Busfahrer hupt, die Mädchen steigen ein, zur Freundin fliegen Kusshändchen aus dem Bus.

Man schaut noch träumerisch nach links in den Wald, doch der ganze Bus hat schon den Kopf nach rechts gedreht: Noch mehr Granitzacken! Noch mehr endlose senkrechte Wandabstürze. Wäre der Fotograf Ansel Adams, der bis heute unser Bild des Yosemite-Valleys formte, je hier gewesen, vielleicht wäre dieser kleine Ausschnitt Norwegens heute genauso bekannt wie der amerikanische Nationalpark.

Der Fahrer liefert Zeitungen aus, wirft aus seinem Fenster die plastikverpackten Stapel der Verkäuferin im Kiosk in die Arme. Wenn niemand da ist, plumpsen sie auf die Straße vor der Tür.

Drei Frauen aus Somalia steigen zu, sie fahren nach Surstedt, da leben sie. Umgeben von Taschen und Tüten richten sie sich wohnlich ein. Die Frauen sehen aus dem Fenster, blicklos über den Fjord. Ob sie ihre heimatliche Landschaft vorbeiziehen sehen? Braun gegen Grün, zu viel Sonne gegen sehr viel Regen? Kurz vor dem Aussteigen holt auch die Jüngste, etwa Achtzehnjährige ihr Tuch hervor und verhüllt ihren Kopf.

Ein junges Mädchen reist mit seinen Großeltern, sie ist vielleicht neun, sie ist ganz entschieden noch ein Kind, ohne Koketterien und ohne unreine Haut. Sie hat ein Gesicht von ungewöhnlicher Schönheit, nicht rundlich, wie die meisten Mädchen hier, sondern mit gefassten Zügen. Hinter ihrem Kindergesicht wartet eine ernsthafte Frau. Konzentriert schaut sie aus dem Fenster oder in ihre Comic-Heftchen. Die Augen haben das klare, helle Grau eines Fjords bei leichtem Regen. Einmal lacht sie ihrer Großmutter zu, ihre schmalen Züge scheinen sich zu weiten, ihr Gesicht öffnet sich, sieht für Sekunden aus wie die Stelle auf einer Wiese, auf die der Regenbogen trifft. Mitten an der Strecke, an drei Häusern, steigt sie mit ihren Großeltern aus. Ihre langen, locker geflochtenen Zöpfe hüpfen hellbraun und kraus auf ihrem Rücken.

Wieder einmal fährt der Bus auf eine Fähre. Alle steigen aus, lassen sich die frische Luft um die Nase wehen. Einen jungen Mann packt der Mitteilungsdrang. Trotz großem Rucksack ist er kein Wanderer, sondern ein Backpacker, was eine völlig andere Art des Reisens bezeichnet. Er kommt aus England, er redet nicht von der Natur, er redet nur vom Geld. Das ist das anstrengende an der weltumspannenden Travellergemeinde: Sie kennt zwischen Laos und den Lofoten kein anderes Thema als das, wie viel sie diese Reise gekostet hat. Genauer gesagt: wie wenig. Er schläft im Zelt, nicht, weil es schön ist, sondern weil es nichts kostet. Sein Ziel heißt: in einundzwanzig Tagen rund um Skandinavien. Immer noch ärgert er sich, dass er in Bodø kein Schild gefunden hat, das belegt, man befinde sich nun nördlich des Polarkreises. Er hätte sich darunter fotografieren lassen, jetzt hofft er auf Schweden, wenn er bei der Rückreise den Polarkreis erneut quert. So macht er Fotos um vierzehn Uhr und um zwei Uhr nachts, was seine Digitalkamera belegt, um zu zeigen, dass die Sonne nicht untergeht.

In der Ferne zieht ein Frachter vorbei, das Wasser ist also ein Fjord und kein See. Felsen und Berge glänzen in der Sonne wie Gletscher. Immer wieder fällt das Licht auf kräftiges Falunrot. So dünn besiedelt die Region ist: Der Norden erscheint wie eine endlose Abfolge einzeln stehender roter Holzhäuser, in Wald und Wiese, an See und Fjord.

Die große Keilerei

Aber heute sind die Abende in Abisko gemütlicher

»Jeden November fahren wir nach Indien«, sagt Putte Eby. Der ehemalige Schuldirektor leitet die Abisko Turiststation des STF, des Svenska Turistföreningen. Er macht das nicht nur freiwillig, er hat dafür sogar seinen Lehrerberuf aufgegeben, ebenso wie seine Frau ihre Anstellung als Biologielehrerin, sie seien »mit Leib und Seele Hüttenwirte«, doch die Flucht nach Asien hat einen spezifischen Grund: »Wir wollen schwimmen, an der frischen Luft!« Dies sei das Einzige, was sie vermissen, dieses Gefühl, »sich unter der Sonne im Wasser zu bewegen.« Zwar werde es in Abisko, das als einer der sonnigsten Orte Schwedens gilt, im Sommer bis zu dreißig Grad warm, aber der Torneträsk, der langgezogene See an der Nordgrenze des Abisko Nationalparks, bleibt immer bitterkalt.

Im Ort wurde eine Schwimmhalle gebaut, damit die Kinder schwimmen lernen. Auch für die Samen sei das interessant, sagt Putte, denn früher seien viele ertrunken. Dass *abisko* auf Sami just »das Geräusch des Wassers« bedeutet, habe allerdings mit dem See weniger zu tun, sondern mit dem in Schweden berühmten Abisko-Canyon. Einige Meter tief hat sich der grünklare Fluss in hartes Gestein eingegraben, rauscht erbost über den sich immer noch bietenden Widerstand dem See zu.

Abisko ist der zweitnördlichste Nationalpark Schwedens, er wurde 1909 errichtet, »um ein Gebiet

mit hochnordischer Gebirgslandschaft in seiner natürlichen Beschaffenheit zu erhalten« heißt es in der
Satzung. Er umfasst siebentausendsiebenhundert
Hektar, das ist vor allem eine Talsenke, die im Süden
und Westen von Gebirgsmassiven und im Norden
vom Torneträsk eingerahmt wird. Noch nördlicher,
aber nur jenseits des Sees, liegt der unbekannte Vad-
vetjakka-Park, der nicht leicht zu erreichen ist. An
drei Seiten müssten schwierige Wildbäche durch-
watet werden, preist ihn eine Broschüre an, und auf
der vierten Seite »warten Hängemoore und schroffe
Felswände mit Steinschlag auf den Besucher«. Sie
können lange warten, dort werden Wanderer fast
nie gesehen, es gibt zudem keinerlei Hütten oder
Unterkunftsmöglichkeiten, dafür aber sind »Nebel und Regenschauer prägend für den Vadvetjak-
ka«: Die Jahresniederschlagsmenge beträgt dort im
Schnitt tausendsiebenhundert Millimeter, im nur
wenige Kilometer entfernten Abisko-Park hingegen
nur dreihundert Millimeter im Jahr.

   In den Jahren um die vorige Jahrhundertwende
machten sich die Schweden auf, ihr eigenes Land zu
erkunden. 1885 wurde der STF gegründet, der bald
das Land mit Unterkunftshütten überzog – jedenfalls überall dort, wohin man mit der Bahn kam. Je
weiter sich das Eisenbahnnetz in den Norden schob,
desto besser wurde auch den Südschweden dieser
Teil ihres Landes bekannt. Ab 1902 gehört auch
Abisko dazu, in dem Jahr war die wichtige Eisen-
bahnstrecke von den Erzminen in Kiruna zum Hafen
von Narvik fertig geworden. Mit dieser Bahn wurden von Anfang an auch Passagiere transportiert.

   Fast achtzig Jahre lang war Abisko tatsächlich
nur mit der Bahn zu erreichen, was heute, da eine
vielbefahrene Straße am See entlang nach Kiruna

führt, fast nicht mehr vorstellbar ist; sie wurde erst 1984 eröffnet. Wehmütig erinnert sich Putte Eby an die Zeiten davor. Schon 1977 arbeitete er eine Saison lang in der *turiststation*. »Wer hierher kam, suchte die Stille und die Natur«, sinniert er. Der Zug fuhr nur ein paarmal am Tag, das habe er nie als Lärm empfunden. Die Autos jedoch – es sei ein ständiger gedämpfter Geräuschpegel, der nun zu hören ist.

Fast jeder, der mit dem Zug kam – und bis heute so anreist – hat ein Ziel: den Kungsleden. Der berühmteste Wanderweg Schwedens führt gut vierhundert Kilometer weit in Richtung Süden bis Ammarnäs. Dabei kann man auch in der direkten Umgebung wandern – es gibt sogar einen Sessellift. Es ist ein drolliges Ding mit Einzelsesseln, 1966 gebaut. »Es war immerhin die längste Abfahrt Schwedens!«, betont Putte, sogar Ingemar Stenmark fuhr hier, der bis heute erfolgreichste Skirennläufer der Welt. Später stellte sich der Lift dann als eine Bereicherung für den Sommertourismus heraus.

Die schaukelnden Sessel führen auf den Nuolja. Oben pfeift ein eisiger Wind, fünf Grad zeigt das Thermometer. Putte Eby sagt, es sei ungewöhnlich, dass es nun, Ende Juli schon so kalt sei, »das haben wir sonst erst im August.« Das soll wohl heißen: Eine Woche schlechtes Wetter Ende Juli bedeutet: Der Sommer war nicht gut.

Dafür reicht in der Kälte die Sicht weit vom tausendeinhundertvierundsechzig Meter hohen Gipfel. Rundum türmen sich Wolken, aber Abisko liegt unter blauem Himmel. Das sei kein Zufall, erklärt Putte, sondern sozusagen symptomatisch. Das »Blue Hole of Abisko« sei sogar bei Piloten bekannt, aufgrund des speziellen Mikroklimas zwischen den Berghängen ist Abisko der trockenste Platz in Schweden, das habe sich bis nach Japan herumgesprochen. Japanische Touristen reisen ab dem Herbst an, um das Nordlicht einmal gesehen zu haben.

Vom Gipfel des Nuoljas aus zeigt sich eine urzeitliche Landschaft, deren Ränder wie noch nicht scharf, wie noch nicht endgültig gezogen wirken: Berge, Moor, Wasser, Inseln, alles geht ineinander über, auch wenn alles in der klaren Luft bestechend gut zu sehen ist. Nur die Häuser um die *turiststation* und nahe davon der Ort Abisko sind auszumachen, die eine Straße verliert sich in der Ferne, macht die Einsamkeit der Landschaft nur noch deutlicher.

Auch der Ort Abisko entstand erst im Zusammenhang mit der Eisenbahn, vorher war hier reines Samenland, es gab keine festen Siedlungen. Die Bahn brauchte ein Elektrizitätswerk, das war die Ortsgründung. Ein Ort, der heute zu klein geworden ist. Außerhalb der Stadtgrenze dürfen keine Häuser gebaut werden wegen des Rentierzugs, und in der Stadt selbst ist auch kein Platz mehr. Natürlich sagen sie im Ort, die sollten sich nicht so anstellen, die Samen, wegen ein paar Häusern mehr.

Und wieder einmal kommt das Gespräch auf den Urkonflikt, die Auseinandersetzung zwischen sesshaften und nomadisch lebenden Menschen, die schon Selma Lagerlöf im »Nils Holgersson« beschrieb: Siedler, die mit größtem Eifer arbeiteten, um ihre Häuser vor Einbruch des strengen Winters fertig zu bekommen, »wunderten sich über die Lappen, die seit vielen, vielen hundert Jahren im hohen Norden umherzogen, ohne jemals daran zu denken, dass man gegen Kälte und Sturm einen besseren Schutz als dünne Zeltwände benötigte. Und die Lappen wunderten sich über die Siedler, die sich so mühten, wo man doch nicht mehr als ein paar Rentiere und ein Zelt zum Leben brauchte.«

Während in Norwegen Landbesitzer, also Waldeigentümer oder Farmer, nachweisen müssen, dass ihr Grund und Boden nie Weideland der Rentiere war, liegt in Schweden die Beweispflicht bei den Samen, was es diesen schwer macht. Oftmals existieren keine schriftlichen Aufzeichnungen in Gemeindebüchern, kein Wunder, die Samen waren eine verachtete Minderheit, wurden als faul und ungebildet hingestellt. Noch bis weit ins 20. Jahrhundert war es verboten, Sami zu sprechen, sodass die Sprache beinahe ausstarb.

Putte erzählt, als Jugendlicher sei er als Wanderer nach Abisko gekommen, dort habe er »die größte Schlägerei meines Lebens« gesehen. Bahnarbeiter hatten sich im Gastraum der Hütte zu ihrem Feierabendbier versammelt, nach und nach kamen viele Samen, die gerade mit den Rentieren in der Nähe waren. »Es gab nicht einmal einen richtigen Anlass, es brodelte einfach – und nachher war kein Stuhl mehr ganz.« Eine gewaltige Keilerei, bei der natürlich alle fürchterlich betrunken waren. Bis heute bestimme Neid das gegenseitige Verhältnis. Wahrscheinlich wolle nicht wirklich einer der Meckerer das Leben eines Samen führen, aber die Menschen etwa, die in den Minen oder beim Eisenbahnbau hart arbeiteten, beneideten die Samen um ihre Freiheit. »Die kriegen Geld fürs Snowscooter-Fahren«, schimpften sie dann.

Der Lift bringt eine Taiwanesin auf den Gipfel, ganz in ein rosa Daunending gekleidet. Sie duckt sich hinter einen Felsbrocken, um sich gegen den Wind zu schützen, und fotografiert. Ein »bisschen kalt« findet sie es wohl, aber sonst sehr, sehr schön, betont sie.

Ein Weg folgt roten Kreuzen, man solle aber nicht glauben, das seien Wandermarkierungen, sie zeigen die winterliche Snowscooter-Spur. Man kann ihr im Sommer zwar folgen, muss aber schon mal durch den Morast waten. Der kaum im Heidekraut zu sehende Pfad trifft schließlich auf eine wahre Trampelspur in der Natur, den Kungsleden. Prompt marschiert eine zehnköpfige Wandergruppe aus Greifswald vorbei, mit Sack und Pack, auf fünftägiger Tour. Ihnen folgen kurz darauf vier Finnen, alle komplett in Oliv gekleidet, brechen sie aus dem Wald. Einer hat ein Rengeweih an seinem riesigen Rucksack befestigt.

Abends in der Bar können die Besucher, die mit roten Wangen von Wanderungen zurückkehren, Putte treffen. Mal erklärt er nach einem Diavortrag die Geschichte des Schwedischen Touristenvereins, mal trifft er sich mit jemandem auf einen Whiskey. Viele seiner gut vierzig Mitarbeiter sind Studenten, andere kommen schon seit zehn Jahren für einige Monate zum Arbeiten hierher. Es sei wichtiger, »fünfzehn Blumennamen auf Latein zu kennen als die Zusammensetzung von fünf Drinks«.

»Storstugan« heißt die Bar, große Stube also. Auch abends ist es im Sommer taghell, Kiefernholztische mit gewebten Läufern lassen ebenfalls keine gepflegte Trinkeratmosphäre aufkommen. »Storstugan« wirkt eher wie ein Raum für Monopoly-Abende. Dass hier diese legendäre Keilerei stattgefunden hat, lässt sich kaum noch nachvollziehen.

Die Freiheit, aufzubrechen

Zeltwandern in Stabbursdalen und anderen
unbekannten Ecken Lapplands

Es regnet. Ich warte auf einen Bus und werde nass.
Die Finnmarksvidda, diese unweit des Nordkaps
im Landesinneren gelegene Ebene, gilt als eine der
trockensten Regionen Norwegens, aber nicht in diesem Sommer. Einheimische scheint das nicht zu stören. In Tromsø sah ich ein Beachvolleyball-Match,
der Regen pladderte auf den Sand, doch die beiden
Teams spielten mit ungebremstem Elan, in kurzen
Hosen. Auf einem Spielplatz hinter der Bushaltestel-
le tummeln sich Kinder, klitschnass geregnet sitzen
sie auf den Schaukeln, das Wasser muss ihnen unter
die T-Shirts laufen. Eine Mutter hat ihren kleinen
Sohn in kinnhohe Ganzkörpergummistiefel gepackt.
Quietschvergnügt spielt der Kleine in den Pfützen,
die junge Mutter schaut sonnig zu.

Vier Wochen lang reise ich in diesem feuchten
Sommer durch Lappland, fahre oft stunden- und
tagelang mit dem Bus, vor allem aber wandere ich,
immer wieder; von Hütte zu Hütte, oder mit dem
Zelt. Ich schlafe zum ersten Mal in meinem Leben
mitten in der Natur alleine im Zelt, mutterseelenal-
lein. Für diese Zeit ist mein Zelt meine ganze Welt,
mehr brauche ich nicht. Die tägliche Aufgabe heißt:
Gehen Sie von A nach B. Diese betörende Schlicht-
heit erlöst vom Multi-Tasking unseres Alltags. Mit
Vorliebe wandere ich auf unbekannten Wegen anstatt auf legendären Routen wie dem Kungsleden.

Eine Tour beginnt frühmorgens mit einer Busfahrt, der Linienbus zum Nordkap hält nur für mich
mitten in der Landschaft an, hinter einer Kuppe ver-
bergen sich zwei Häuser, Okselva heißt dieser Platz,
den der Busfahrer erstaunlicherweise und zu meinem Glück kennt. Er hilft, den schweren Rucksack
aus dem Gepäckfach zu zerren, wünscht etwas ver-
wundert »Gute Tour« und braust davon. Der Bus
wird kleiner auf der endlosen, geraden Straße, der
E6. Von Okselva aus führt eine zweitägige Wanderung zum Stabbursdalen-Nationalpark. Schon nach
zweihundert Metern, gleich hinter den beiden Häusern, wirft die Landschaft ein Hindernis in den Weg:
ein schmaler Bach nur, aber in diesem nassen Sommer deutlich tiefer als Wanderschuhe hoch sind. So
bleibt nichts anderes übrig, als gleich am Morgen, in
der Frische des frühen Tages, die Stiefel auszuziehen
und zur Freude morgenaktiver Stechmücken gegen
Trekkingsandalen zu tauschen. Noch dreimal wird
das diesen Tag so sein, und immer scheint es ein
bisschen, als wollten die Bäche mich ärgern, denn
sie sind zahm, nicht gefährlich, nicht strudelnd,
aber man kommt auch unter Flüchen nicht anders
hinüber als mit der umständlichen Prozedur des
Schuhetauschens. Einer ist sogar so tief, dass eine
Anglerhose wünschenswert wäre, abends wird trotz
vieler Schichten von Plastiktüten der zuunterst in
den Rucksack gepackte Schlafsack feucht sein.
    Statens Kartverk kartografierte das endlos lan-
ge Norwegen durchgehend im Maßstab 1:50.000,
dem wanderfreundlichsten Maßstab. Doch die roten
Karten sind keine eigentlichen Wanderkarten, die
genauen topografischen Blätter verzeichnen Wanderwege lediglich als zart gestrichelte Linien. Ob
der gewählte Weg markiert ist, ob es Hütten gibt,

nichts davon verrät die Karte. Ein Anruf im Nationalparkzentrum, das das Ziel der Wanderung sein wird, brachte etwas Klärung: Ja, der Weg sei markiert und insgesamt dreißig Kilometer lang, just in der Mitte gebe es eine Hütte. Dreißig Kilometer? Der Weg führt durch zwei Kartenblätter, er scheint deutlich länger zu sein.

Hinter Okselva, nach den Bächen, wandert man lange auf Spuren von Allradwagen, von denen sich aber nie einer zeigt. Dann biegt der Weg ab, die Spur wird schmäler, wird ein Pfad, begleitet vom knallroten »T« des DNT, der norwegischen Wanderorganisation »Den Norske Turistforening«, auf Schieferplatten, Baumstämme und Steine gepinselt. Der Weg führt zielstrebig nach Osten, durch unbewohntes und in diesen zwei Tagen menschenleeres Gebiet.

Das sumpfige Gelände macht das Vorankommen mühsam. Von Grasbüschel zu Grasbüschel tasten sich die Füße, die Trekkingschuhe sind mittlerweile nass und schwer. Ab und zu versinkt einer der Trekkingstöcke in unsicherem Grund. Jeder Schritt will genau gesetzt sein, das fordert Konzentration und Kondition. Nur die baumlosen Anhöhen gestatten beschwingteres Ausschreiten auf sanft federndem Boden, doch alsbald führt der Weg wieder durch auf der Karte blau gestricheltes Land: Moor, Sumpf, Schlick, nenne man es, wie man wolle, der Untergrund grabscht gierig nach den Schuhen und der Wanderer fühlt sich wie Humphrey Bogart in »African Queen«: Der hat keine andere Wahl, als wieder ins Wasser zu steigen, um das Boot zu ziehen, aller Blutegel zum Trotz, und Wanderern bleibt nichts anderes übrig, als wieder und wieder durch sumpfige Wiesen zu waten.

Aber auch die feuchten Niederungen haben ihre

Verlockungen: reife Multebeeren. Es ist nicht einfach, sich mit einem schweren Rucksack zu bücken, doch die »arktische Himbeere« muss einen Suchtstoff enthalten. Wenn die Früchte reif sind, leuchten sie sonnenuntergangsfarben und fallen bei der bloßen Berührung in die Hand.

Es regnet ohne Unterlass. Die Natur geht in diesem Sommer wirklich verschwenderisch mit Wasser um. Ich versuche, unter Schichten von Goretex und Plastikumhängen ein trockenes Päuschen einzulegen. Und sinniere einer anderen Wanderung nach, die vor einigen Tagen auch recht durchgeweicht endete. Am Abend dieser Wanderung kreuzte ich einen Feldweg, ich beschloss, mich vor das nächste Auto zu werfen. Wenn auch nur, um es anzuhalten. Ein Auto kam, und es hielt auch wirklich an. Der Bär von einem Kerl stieg aus, wuchtete meinen Rucksack ins Heck. Ich fiel auf den Beifahrersitz. Seine Arme waren tätowiert, mit unscharf werdenden Konturen, ein Drache, eine kniende, nackte Frau. Wie ein zahm gewordener Seebär, so sah Nils aus. Mitte sechzig, schätzte ich mit einem Seitenblick, wilde graue Haare, buschiger Schnauzer, eine große Brille. Er sprach Englisch, aber er redete nicht viel. Ja, er sei angeln gewesen. Er war noch nasser als ich, trug aber nur ein graues, schlabberiges T-Shirt, es klebte ihm am Bauch, der hinter dem Lenkrad klemmte. In seinem klapprigen Honda funktionierte die Heizung richtig gut, ich saß mit Schichten von nasser Kleidung bald wie in einer finnischen Sauna. Er bretterte über die Schotterpiste wie einer, der die Straße im Schlaf kennt. Er bremste, als zwei Schneehühner auf der Straße herumflatterten, und lachte über ihre Verirrung.

Erstaunlicherweise lag im Auto keine grob beschriftete Hardrock-Kassette. Er hatte im Radio einen Sender eingestellt, der kam und ging mit den Hügeln der Landstraße. Auf der Konsole rutschte eine Zeitung vom Tag hin und her, zusammen mit staubigen Sonnenbrillen, einem Handy und einem »Kvikk Lunsj«, dem beliebten norwegischen Schokokeks, dem »schnellen Essen«. Die Mattigkeit und die Wärme im Auto machten mich so träge, er fuhr sicher und schnell und quasselte nicht rum. Ich hätte ihn auf der Stelle geheiratet, aber er ließ mich am Supermarkt im nächsten Ort hinaus.

Nun aber, zwischen Okselv und der Welt nördlichstem Nadelwald im Stabbursdalen, ist weit und breit kein Feldweg zu sehen, auf dem ein Auto fahren könnte. Es gibt nichts, wo man sich unterstellen könnte. Einige knorkelige Birken stehen auch nur in der Landschaft, um die Baumgrenze zu markieren, sie liegt rund tausendfünfhundert Meter tiefer als in den Alpen, auf etwa dreihundert Metern, am Nordkap fällt sie auf Null.

Auf einer Anhöhe liegen Felsbrocken, Gletscherspielzeug, das die Eismassen beim Weggehen nicht aufgeräumt haben. Sträucher, nicht höher als Heidekraut, färben sich bereits in allen Hennatönen. Das ist der Herbstwald des Nordens. Ein dürrer Wegweiser ragt in den Himmel. Hier zweigt ein Weg ab, zum Njakkafossen, was sich aber auf der Karte genausowenig findet wie Snekkernes, die weiterführende Richtung. Der schwere Rucksack zerrt an den Schultern, die Nässe an der Moral, eher in Trance als wohl überlegt behalte ich die eingeschlagene Richtung bei, nach Snekkernes, eine weise Entscheidung, wie sich herausstellen wird. Wäre ich zum Njakkafossen weitergegangen, wäre ich nach drei Stunden an die Reste einer Brücke gelangt; sie ist seit Jahren zerstört und es gibt keine Möglichkeit mehr, den Fluss zu überqueren. Und Snekkernes steht doch in der Karte, so etwas Ähnliches jedenfalls: Vor lauter political correctness verzeichnen aktuelle Ausgaben nur noch samische Namen, und Snihkkàrnjàrga ist ja wohl unschwer als Snekkerness zu erkennen.

Was macht die Schönheit einer Landschaft aus? Einzig und allein das Auge des Betrachters. Denn wer wollte einen Maßstab schaffen? Wenn es nicht darum geht, ob ein Boden fruchtbar, ein Wohnplatz windgeschützt oder eine Bucht fischreich ist, entscheidet allein das subjektive Empfinden. Erstaunlicherweise finden viele Betrachter Gefallen an denselben ausgewählten Plätzen der Erde wie zypressenbestandenen Hügeln und weißen Palmensträenden. Aber gilt Schönheit weniger, wenn wenige sie als solche sehen? Gilt nicht für Landschaft dasselbe wie für die Liebe, in der allein der erkennende Blick entscheidet? Die weite wellige Ebene der Finnmark ist eine sich nur minimalistisch ändernde Szenerie. Nicht so ein Gewirre wie im Dschungel, aber auch nicht so lieblich wie ein Wald. Es mag Verächter geben, die eine so klar strukturierte, übersichtliche Landschaft eintönig nennen würden, oder gar langweilig. Es braucht Nähe und Neigung, die Unterschiede finden zu wollen, die winzigen Abweichungen, die Rhythmik in der Abfolge der Hügel, die Variationen im sanften Auf und Ab des Horizonts. Die Finnmark ist minimal music fürs Auge. Man steht auf einem Hügel, blickt den langen Weg zurück, den man ging, und auf die Strecke, die noch zu bewältigen ist. Diese Richtung sieht aus, als könnte man weitergehen bis Nowosibirsk, ohne allzu große Störung der Harmonie, so weit die Füße tragen.

Der Weg senkt sich dem Tale zu, die Gegend

wird waldreich, und urplötzlich steht da ein Haus, eine Hütte, nicht größer als eine Garage. Da wird das Zelt im Rucksack bleiben, die Tür der Hütte steht offen, eine norwegische Gebrauchsanweisung hängt an der Wand, sie besagt, die Ivarstua sei für alle da. Vier Bettplätze mit gammeligen Matratzen werden zum reinsten Himmelbett, dank des gusseisernen Ofens und der Birkenscheite. Im Nu brennt das Feuer, erstaunlich genug, alle nasse Kleidung hängt an Wäscheleinen, und die Schuhe auch. Nahe fließt ein Bach vorbei, schnell wird das Wasser auf dem Ofen heiß, schnell wird es überhaupt heiß, es ist vor Hitze nicht mehr auszuhalten! Diese Ofen sind ein Wunder.

Eine Tütenmahlzeit ist rasch gekocht und gegessen, die wenigen Eintragungen im Hüttenbuch sind bald durchgeblättert, ein paar Tassen Tee getrunken, ein Schluck Whiskey dazu. Und nun? Ein einsamer Abend in einer Hütte zieht sich viel mehr in die Länge als der längste Wandertag. Schließlich rollt man sich in den getrockneten Schlafsack, es gibt nichts anderes zu tun. Außer noch einen Besenstiel unter die Türklinke zu klemmen, um wenigstens aufzuwachen, falls noch jemand anders in dieser Nacht diese Hütte findet.

Um Mitternacht, ausgerechnet, nähert sich ein rhythmisches Klappern, das den dünnen Schlaf sofort zersägt, doch partout nicht einzuordnen ist, im Gegensatz zu den Männerstimmen, die sich aber schnell entfernen. Der Herzschlag normalisiert sich, und am nächsten Tage überziehen den Wanderweg frische Hufspuren. Es waren zwei Reiter.

Bin ich mutig? Diese Frage beschäftigt mich erstaunlich wenig. Mut ist eine so relative Größe. Wer in einem kleinen Dorf lebt, wird für die Fahrt in einer nächtlichen Berliner U-Bahn vielleicht seinen ganzen Mut zusammennehmen müssen. Und wer in Berlin lebt, pfeift schon mal im Wald, um sich nicht alleine zu fühlen. Wer viel reist, spannt seine persönlichen Grenzen vielleicht weiter, er ist aber deshalb nicht unbedingt mutiger, nur erfahrener. Wie der Sportkletterer, der sich frei hängend über dem Abgrund fotografieren lässt, nicht mutiger sein muss, als ein Wanderer, der das erste Mal einen gebirgigen Weg geht. Vermutlich klettert der Sportler für das Foto nicht annähernd an seiner Leistungsgrenze, an die sich der Wanderer aber vielleicht herantastet. Ich rede mir nicht Mut zu, sondern höre auf meine Angst. Eine der Wanderungen auf dieser Reise breche ich nach zwei Stunden ab. Es ist neblig, das Gelände alpin, mir wird bang, ich fühle mich nicht wohl in meiner Haut, es gibt keinen vernünftigen Grund für dieses Gefühl. Und obwohl danach alles organisatorisch kompliziert werden wird, viel komplizierter, als wenn ich einfach weitergegangen wäre, drehe ich um. Und sage mir schließlich, wenn auch zähneknirschend, dass dazu mehr Mut gehörte als zum Weitergehen.

Ein weiterer, langer Wandertag öffnet sich nach der Nacht in der Ivarstua. Doch eine Wanderung, die zurück in die Zivilisation leitet, ist völlig anders als die, die in die Wildnis führte. Sie ist weniger schön. Der Weg schlängelt sich an den grünweißen Pfosten des Nationalparks entlang, aber es kommen Zäune, dann steht ein verrottetes Snowmobil in einer Wiese, schließlich endet der Pfad in einer stundenlangen Schotterstraße. Diese leitet ins Nationalparkzentrum, das darüber informiert, dass ich mich nun im nördlichsten Nadelwald der Erde befinde, mit über fünfhundert Jahre alten Kiefern.

An der Flussmündung erstreckt sich ein Naturreservat entlang der Küste, ein Rastplatz für Zugvögel. Schwärme von dreißigtausend Knutt ruhen sich hier aus, bevor sie zu ihren Brutplätzen nach Grönland fliegen. Im Watt stolzieren Rentiere herum und fläzen sich an den Strand.

»Sie haben also den Weg gefunden«, freut sich die junge Frau, die sich an meinen Anruf erinnert. Es sei aber doch wohl länger gewesen, mäkelt man ein bisschen herum. Sie stutzt, schaut in die Karte und ruft aus: »Achja, genau, dreißig Kilometer – das ist ja nur der erste Abschnitt, die ganze Tour ist zweiundvierzig Kilometer lang.«

Die größte Erkenntnis dieser Reise als Solotrekkerin ist die Einsicht, wie nahe Glück am Nichts liegt. Einem selbst gewählten und luxuriösen Nichts, das fürwahr. Einem von materiellem Balast befreiten Leben. Der französische Glückssucher und Glücksuntersucher Alain de Botton fand bei Epikur »Trost bei Geldmangel« und erkannte: Wenn die grundlegenden Bedürfnisse gestillt sind, ein Dach über dem Kopf, etwas zu essen und Freunde im Leben, steigt mit allem Geld der Welt das Glücksgefühl nur noch marginal an. Morgens, nach dem Frühstück, sieht es vor meinem Zelt immer aus wie bei Hempels unterm Bett. Es stapeln sich Plastiktüten, Kocher, Waschzeug, Schlafsack, Isomatte – und dann geschieht immer das Wunder, dass das alles in den Rucksack passt. Dass es alles ist, was man – für ein paar Tage – zum Leben braucht. Jeden Abend begeistern mich die Verrichtungen, die man in der Natur sofort lernt. Ich hantiere mit dem Kocher, als würde ich seit Jahren Expeditionen leiten, bastle aus Steinen Windschutz, hole Wasser an Bächen, im See. An einem Abend steht mein Zelt am Platz der Wasserfälle, ich habe diesen Zeltplatz entdeckt, ich habe ihn so getauft. Von den Felswänden ringsum toben und stieben Bäche und Schmelzwasser, wildromantisch ist das, wenn auch laut wie eine Verkehrsinsel. Ich bin verliebt in dieses Eckchen, das doch nur ein schlichtes grünes Tal im Norden Norwegens ist. Mir ist sehr abenteuerlich zumute, »ein immenses Gefühl von Freiheit und Unabhängigkeit«, schreibe ich abends auf. Nachts schlafe ich tief und fest. »Freedom's just another word for nothing left to lose« – Janis Joplin hat es anders gemeint, es passt trotzdem. »The best things in life are free«, schreibe ich einmal ins Notizbuch. Banal? Mag sein.

Sobald meine Wanderschuhe, ausgestopft mit alten Tageszeitungen, die ich im Nationalparkzentrum von Stabbursdalen schnorre, wieder leidlich trocken sind, packe ich alle meine Sachen, das bisschen, was man in der Natur zum Leben braucht, in meinen Rucksack und gehe wieder los.

Nachsatz

Ein Teil der Texte ist bereits in der *Frankfurter Allge-meinen Zeitung,* in *MERIAN,* im *Tagesspiegel,* in *PEAK* und in der *taz* erschienen. Die Reportagen wurden für dieses Buch aktualisiert.